用心札记

用心教育集团　组编

湖南大學出版社

内 容 简 介

本书是由用心教育集团组织编写的教育随笔。全书共分为四篇，分别为良师益友篇、老师篇、学生篇、家长篇。内容收录了每一位仁人志士对教育的感悟，字字真情，句句经典，呈现了他们对教育的热爱和最美的情怀。

图书在版编目（CIP）数据

用心札记/用心教育集团组编.
—长沙：湖南大学出版社，2016.6

ISBN 978-7-5667-1117-5

Ⅰ.①用…　Ⅱ.①用…　Ⅲ.①中小学教育
Ⅳ.①G63

中国版本图书馆 CIP 数据核字（2016）第 118096 号

用心札记

YONGXIN ZHAJI

组　　编：用心教育集团
责任编辑：张建平　**责任校对：**全　健　**责任印制：**陈　燕
印　　装：湖南省誉成广告印务有限公司
开　　本：880×1230　32 开　**印张：**6.5　**字数：**162 千
版　　次：2016 年 6 月第 1 版　**印次：**2016 年 6 月第 1 次印刷
书　　号：ISBN 978-7-5667-1117-5
定　　价：39.80 元

出 版 人：雷　鸣
出版发行：湖南大学出版社
社　　址：湖南·长沙·岳麓山　　**邮　　编：**410082
电　　话：0731-88822559(发行部),88821327(编辑室),88821006(出版部)
传　　真：0731-88649312(发行部),88822264(总编室)
网　　址：http://www.hnupress.com
电子邮箱：presszhangjp@hnu.cn

用心札记编委会

世上无难事

只怕用心人

用心札记

一生用心做教育

开端。我从学生时代就想成为一位老师。

阴差阳错成年后的职业不是老师，但内心却始终有着一份对教育的萌芽，那是出自受教者的感恩与洗礼。作为儿子，家庭教育的培养潜移默化丰富着我的感情和能量。为人学生，学校师长的教化循循善诱指点着我的方向和选择。我热爱教育，感念教育的无私，感恩教育于我的成就。

儿子的出生成长，让我对教育的感情有了一种升华，我从受教者变成了受教者和教育者的双重身份。我惶恐，怕我做得不好；我兴奋，那是来自对教育本身的憧憬和向往；我感动，第一次发现为人父母对子女的教育竟然能与自己的教育情怀如此高度契合；原来做教育是源自对自己孩子的爱，是在延续父母对自己的爱，是在扩大师长对生命的爱。

于是。我从中年时代开始全身心做教育。

做决定只是那么一瞬间，希望更多像我一样的父亲能给孩子的成长付出更多，希望更多像我一样有教育情怀的同仁能有一个良好的施展教育梦想的平台，希望更多可爱的孩子能快乐幸福地沐浴在教育的爱里。教育是一件越做越上瘾的事业，你会发现，做着做着你就将之做成了艺术，干着干着你就对之投入了灵魂。你根本停不下来，你在其中不断受着教育，又不断教化感动着别人，你甚至把自己的亲情、友情、爱情等所有感情在此浇灌，融为一体，乐在其中，快意一生。

继续。我只愿一生用心做教育。

“用心 ”是对待生命最重要的法则，在我们这个复杂多变的时代，回到最单纯的境地，用心是面对生命最有效的告慰。

所以，我用“用心”为我的教育事业命名，我将“用心”作为所有工作的必要条件，我把“用心”当作做教育的最大梦想。

用心教育成立八年以来，唯有用心，值得铭记；唯有用心，感恩涕零；学生对用心之喜爱，家长对用心之信任，领导对用心之鼓励，社会对用心之支持，全部如血液般丰富着用心的内涵和生命。

我只愿一生用心做教育。

番外。

我们将教育的情怀用心札记成最美的生命诗行。

用心教育发起，童学文化汇编，我们将每一个仁人志士的教育情怀进行收录，记录对教育的感悟，呈现对生命的感化，其中都是教育者、受教者、父母、子女的集合发声，字字真情，句句经典，体现的都是用心与爱。

在我们单纯无知的童年时代，懵懂叛逆的少年时代，踽踽独行的青年时代，努力担当的中年时代，回忆圆满的老年时代，我们都能反思教育的美好与收获，一直保持单纯的初心。

因为我相信每个人都是教育的受益者和给予者。

用心做教育，永远不会失去，只要我们还在。

虞贵明

二〇一六年　盛春

长沙用心教育

目次

【老师篇】

用心

【良师益友篇】

教师的爱心

张学军

习近平同志指出：教育是一门“仁而爱人”的事业，爱是教育的灵魂，而教育的灵魂又充分体现在教师身上，凡是好老师应该都是仁师，没有爱心的人不可能成为好老师。高尔基说：“谁爱孩子，孩子就爱谁。只有爱孩子的人，他才可以教育孩子。”我国著名教育家陶行知说：“没有爱，就没有教育。”教育风格可以各显身手，但爱是永恒的主题。爱心是学生打开知识之门、启迪心智的开始，爱心能够滋润浇开学生美丽的心灵之花。

老师的爱，既包括爱岗位、爱学生，也包括爱一切美好的事物。教师岗位的真谛就是真情关爱学生，做到“爱生如子”。“爱生如子”这是神圣的职责，也是崇高的思想境界。美国有个教育家花了 40 年时间，收集了 9 万份学生来信，从中概括出一个好教师必备的 12 种素质，其中“友善的态度，仁慈和宽容，尊重每个学生”都排在前列，可见，教师对学生的关爱和尊重是多么重要。那么，教师的爱心又主要体现在哪些方面呢？综合起来，主要体现在以下六个方面：

一、用“爱心”看待学生

学生是人类的花朵，是大树的幼苗，是家庭的宝贝，更是祖国和民族未来的希望，在每一个学生身上，都有“双面”性，既有难点、薄弱点，更有热点、闪光点。“人之初，性本善”，这是个观念问题，学生观是教育观、世界观的反映，没有科学的学生观，科学的教育观就无从谈起，爱心教育就无法建立。

现在有一种错觉，或者说是偏见，认为到民办学校读书的学生是“落榜生”、“中下生”、“低人一等”，这种看法是很不客观、很不公正的。据调查，民办学校与公办学校的学生的同一性是“好学上进”，人人都有“闪光点”。在民办高、中等学校的学生与同类公办学校学生比，“三多三少”较明显，即：读活书的人多，读死书的人少；鄙薄应试教育的人多，看重成绩分数的人少；异想天开、爱好社交活动、气质外向型的人多，因循守旧、习惯封闭式管教、气质内向型的人少。这些，对我们今天培养创新型人才，具有超常的特殊优势，值得我们很好地珍惜和研究。

二、用“爱心”温暖学生

把温暖送到每个孩子的心田，做到用真心感化学生，用真诚教育学生，用真情塑造学生，使自己真正成为学生的良师益友，特别是对待困难家庭的学生，农村的留守儿童，城市的农民工子女，更要在生活上、学习上给予无微不至的关怀，帮助他们健康快乐成长。教师亲其生，学生才能乐其道。

用心札记

三、用“爱心”感染学生

教师是特殊的职业，面对的是有感情有生命力的学生。你释放的爱，像花香他们能嗅到；像春风他们能感受到。正如当代著名教育家李镇西所说的：“爱心是一个好教师最基本的条件；童心是师爱之源；教育风格各有千秋，但有一点是共同的，那就是爱的教育。”

四、用“爱心”启发学生

我们经常发现，学生认为语文单调乏味、枯燥无趣，以致讨厌语文，甚至远离语文。学语文的成就感，远远不如做出一道数学题的乐趣高。考试前总是复习理科，最后潦潦草草的背一背文言文和古诗，就上场考试了。要让学生爱好语文，老师必须是语文的爱好者，并有较为扎实的、丰富的文化底蕴。只有这样，才可能“厚积薄发”，才可能吸引学生、使学生得到启发。

五、用“爱心”赏识学生

从责骂到赏识，从赏识到成功。这充分说明赏识教育的重要性。作为教师，就更需要借鉴这种理念，充分利用赏识这个有利的方式来调动孩子学习的积极性，帮助他们树立自信心。只要坚持把赏识教育的理念运用到实际教学活动中，一定能取得成功。哲人曾经说过，“人的精神生命中最本质的要求就是渴望得到赏识。”训斥只会压抑心灵，只有欣赏、激励才能开发人的潜能，让他得到更好的发展。虽然这个过程是漫长的，但坚持下去，就有成功的希望。

六、用“爱心”鼓励学生

教师的爱心是成功的原动力，教师的爱心能使孩子们更健康地成长，能使有缺陷和有特殊困难的学生信心倍增，能使犯了错误的学生重新振作起来。学生的成长同其他事物的发展一样具有两面性。每一位学生在课堂上和作业中都会表现出优点和积极因素，也有缺点和消极因素。优点和缺点，积极因素和消极因素在一定条件下可以互相转化。教师的赞美与鼓励是促使其向好的方向转化的催化剂，必须充分利用好。作为教师千万别吝啬你的赞美之词，有时候教师的一句表扬能改变一个学生的一生。特别是那些学习基础比较差的学生，自己微小的闪光点能得到老师的欣赏与赞美，他们的自信心与上进心会不断地得到提高。从而正确地认识自己，做最好的自己。

用心札记

放开手，让你走

杨凡

七夕刚过，女儿开始高一军训。去学校报到的那天早上，我们手牵手，慢慢走出家门。初秋的早上，有风吹过，马路边槐树和梧桐的叶子长势正好，绿荫下几簇三角梅和紫薇花开的灿烂无比。女儿不说话，紧紧拉着我的手。侧目看去，她比我还高出了几分，昔日摇篮里的小天使，不经意间已是青涩少女初长成。

学校是一所寄宿制的省重点高中，环境优雅又不失庄严大气。以为来得尚早，不曾想踏入校门时已见很多很多英雄少年在学校各个角落穿梭，同时又用怯怯的充满期待的眼神打量着这所新校园。背着各色行李的新生家长人影错杂，浩浩荡荡，颇为壮观。简单的报到工作完成后，我送女儿到了教室门口。此时起，她必须留在这里而我必须独自离开。我知道，我们彼此最不愿意面对的时刻终于来了。

记不清从何时我从手忙脚乱神经兮兮的新手母亲，成长为了手到擒来游刃有余的超级妈妈。女儿和我，就其亲密度来看，完全甚于一对如胶似漆的恋人。这份感情，我早已从我母亲身上体会过，我又通过女儿把这份感情再次加温。女儿给我的生活带来太多的喜悦，这种感觉妙不可言。很多次我只想握住她的手，看着她的眼睛，告诉她："你就是我一直梦想拥有的女儿。"十四年来她从未离开过我，而今却必须独自面对陌生的环境、繁重的学习和一切自理的生活。

女儿的内心像小溪一般清澈柔软，她的眼中满是不舍，一直望着我。我们相牵的手心都汗津津的。铃声响了，她终于下决心，依依不舍放开了我的手，眼睛红红，似乎用所有的勇气支撑着，向我挥手再见，转身走进教室最后一排坐下，把头深埋。我只能看见她的背影。我脆弱又善良的女儿啊，一定在偷偷的掉眼泪，又不想被人看见。纠结许久，真心放心不下女儿，在楼梯转角处只好偷偷回望。我看见同桌女孩正在和女儿交谈什么。女儿并没有流泪！她远比我想象的要坚强许多。那倔强的嘴角上扬，稚嫩未脱的小脸上突然多了份成熟和严肃。恍惚之间，物走星移，感觉女儿像极了当初离开家独自去省城求学的年少的我。我猝不及防，泪眼朦胧。

这个世界上可能所有的爱都是以聚合为最终目的，只有一种爱以分离为目的，那就是父母对孩子的爱。这种分离越早，父母就越成功。可惜很多时候，很多父母和孩子都不明白或不愿明白，包括我。今天，我别无选择，必须勇敢面对这样的分离。我亲爱的女儿啊，妈妈多想永远在你身边陪伴你，呵护你。但是女儿，妈妈再也不要成为你生活的中心，而是要从你生命的重心中逐渐抽离出来。与孩子亲密无间是一种爱，放手让孩子走则是更深更完整的爱。

晚风徐徐，月光如水，常青藤爬满窗台。夜深了，女儿在学校应该入睡了。龙应台说：我慢慢地，慢慢地了解到，所谓父女母子

用心札记

一场，只不过意味着，你和他的缘分就是今生今世不断地在目送他的背影渐行渐远。你站立在小路的这一端，看着他逐渐消失在小路转弯的地方，而且，他用背影默默告诉你：不必追。有些关，只能一个人过，有些路，必须一个人走。女儿，今日的离别，妈妈唯一能做的，就是放开手，让你走。妈妈必须做的，就是看着你走得更远，更辉煌！

爱的考试

邹海兵

许多年以来，精神抖擞、身形矫健是父亲给大家留下的印象。健康的身体一直是他老人家骄傲和炫耀的资本，也是我们做儿女值得庆幸的事情。父母二人一辈子在乡下生活，相依为命，年轻的时候为了维持一家人生计，吃了很多苦，好不容易等到孩子们都长大了，成家立业，生活幸福美满，终于不用像以前那样操劳了。有了自己的空闲时间，父母每天种种菜，养养鸡，拾掇拾掇花草，对人生无太多要求，简单的日子倒也过得自在快乐。

可就在前不久的一天早上，天微微亮，我和爱人都还在睡梦中，客厅里却传来一阵急促的手机铃声，刺耳的铃声打破了黎明的宁静。是谁会这么早打电话过来呢？我接听电话，电话那头立马传来母亲焦急的声音，“儿子，你爸爸现在突然就起不了床，站都站不稳，浑身疼痛，怎么办呢?”突发的状况吓坏了读书不多且没见过太多世面的母亲，同样也惊醒了不在父母身边的儿子和儿媳。父亲突来的病情由不得我们过多的考虑，我和爱人紧急商量后作出决定，由住在离父母较近的姐姐开车接父亲来省城，我和爱人在省城长沙联系大医院和要好的医生朋友。一切准备妥当后，剩下唯一能做的就是在医院门口左顾右盼地苦苦等待。我们的电话一遍又一遍打给母亲，“到哪里了，到哪里了呢，”倒是此时“没见过太多世面的母亲”反而显得比他们平时认为处事不惊的儿子淡定些，“快了，快了，都在来大医院的车上了，孩子，你们别着急哦!”母亲语重心长的话语言犹在耳，那时的废话却一点也不显得多余，反而多了些许慰藉。现在看来，当时我的慌乱可能是血浓于水的缘故吧，亦可能是父亲病得太突然的原因吧，如今都不得而知了。

当载着父母的车辆徐徐驶来医院的大门口，他们熟悉的身影映入我的眼帘时。刹那间，我觉得父母皆已苍老了很多。我和爱人快步向前，拉开车门，我们一并扶起有些羸弱的父亲，耳畔传来父亲低沉的呻吟声，痛楚虽在父亲的身上，但他那一声声呻吟却好似鞭子敲打在我的心坎里，有一种莫名的撕心裂痛。在医生朋友的热心帮助下，医院里的一系列检查有条不紊地进行着，父亲很快就被安顿下来了。经过医院几个科室专家的多次会诊，最终将病情确诊，一个似乎有点“美妙”的名字——“游走性类风湿关节炎”。父亲的这个不速之病对我们全家人来说有些陌生，但大家都不知道一种不同寻常的考验已经悄然来临。入院一段时间以后，经过多方面的综合治疗，父亲的病情时有好转却总是有些反复。终于，历来性格急躁的父亲耐不住了，莫名地发脾气，吵着要出院回家。父亲在医院住了半月有余，我们多次和医生朋友商量办法。医生朋友说父亲的这个病也没有太多的特殊治疗方法，病情长且比较顽固，传统的西医治疗效果不会很明显，且还会有些副作用，建议我们再想想别的办法。或者考虑中西医结合治疗，后期治疗主要是加强营养，进行恢复性锻炼，保持良好的乐观的心态，病情就会好转的，只是需要时间。结合医生的建议和尊重父亲自己的意愿，我们决定先出院回家。

回到家后，一场没有硝烟的战役悄悄地打响。我和爱人来了个全家总动员，统一了思想，为帮助父亲渡过难关制定了下一步的整体行动方案。首先，在当前的治疗基础上我和爱人继续通过各种途径探访名医，寻找更加有效的治疗方法；其次，由姐姐负责后勤保障，为父亲制定科学而又合理的饮食食谱，改良营养结构，帮父亲尽快地提升体能，增强体质；然后，小孩子们各显身手的时候到了。他们帮助爷爷进行各种恢复性训练，有时候简单而又乏味的动作我们大人都很难坚持，孩子们却能变着戏法让爷爷开心的完成，简直太了不起了！孩子们更加难能可贵的是，在爷爷生活不能自理的时候，还能帮助爷爷端屎接尿，弄得爷爷他老人家经常觉得不好意思，但孩子们却将这件大多数同龄孩子想都不曾想过的事做得那样的认真。通过这件事情让我看到了孩子们人性的真与善，他们用实际行动生动地诠释了感恩思源的道理。

皇天不负有心人，守得云开见月明！在大家的一致努力下，父亲的病情终于得到了明显的改善，身体的各项指标都已接近正常。虽然这次是父亲得了一场大病，但更像是父亲在无形中给我们出的一个考题，我们全家上下便是这次考试的考生，我们唯有以亲情为笔，以爱为墨，用细心来书写，才能交出一份让全家人都满意的答卷！

有一句话是这样讲的："有一种工作，没有经历过就不知其中的艰辛；有一种艰辛，没有体会过就不知其中的快乐！"生活能给我们带来快乐，生活也会给我们带来一丝悲伤，但是希望之火将会在生活中重新燃烧。一路走来，感恩生命中的各种馈赠，让我们始终能快乐的前行！

教师应具备的业务素质

张学军

习近平同志指出：老师自古就被称为“智者”。扎实的知识功底、过硬的教学能力、勤勉的教学态度、科学的教学方法是老师的基本素质，其中知识是根本基础。学生往往可以原谅老师严厉刻板，但不能原谅老师学识浅薄。“水之积也不厚，则其负大舟也无力。”知识储备不足、视野不够，教学中必然捉襟见肘，更谈不上游刃有余。

由此可见，教师的知识是其从事教育工作的前提条件。教师不具备一桶水，是难以给学生一杯水的。高素质的教师应在具备良好综合素质的同时，更应具备优秀的业务素质。一般认为教师的业务素质是由以下四个方面的知识构成的，即专业知识、文化知识、实践性知识和条件性知识。

一、专业知识

指教师所具有的特定的学科知识，如语文知识、英语知识、数学知识等。一个人最佳的知识结构，主要是以自己所从事的职业与专业为基础的。一个教师的专业知识首先是精通自己所教的学科。教学年级越高，教师的威性越是取决于其专业知识的水平的高低。

二、文化知识

主要指教师的综合知识。为了实现教育的文化功能，教师除了要有专业知识以外，还要有广博的文化知识，这样才能把学生引向未来的人生之路。在学校里，知识渊博的教师往往赢得学生的信赖和爱戴，因为教师丰富的文化知识，不仅能扩展学生的精神世界，而且能激发他们的求知欲望。学校的各门学科知识总是紧密联系的，俗话说，文史不分家，数理化是一体，说的就是这个道理。

三、实践知识

指教师在面临实现有目的的教学行为中所具有的课堂情景知识，这种知识就是教师教学经验的积累。教师所用的知识是来自教师个人的教育教学实践，具有明显的经验性。因此，学校要创造教师展示平台，让教师多锻炼，教师要勤于反思，不断从实践吸取教训，总结经验，不断地丰富自我的实践知识。

四、条件性知识

指教师所具有的教育学与心理学知识。条件性知识是一个教师成功教学的重要保障。教师条件性知识具体化为三个方面：即学生身心发展知识、教与学的知识和学生成绩评价知识。教师能把自己具有的学科知识与课堂的具体情景结合起来，形成一种与行为有关的知识，才会有好的教学效果。在掌握知识的同时，还要苦练基本功。基本功可以概括为五个字：讲、写、作、画、演。其艺术标准

用心札记

是：温馨而铿锵的话语；规整而有力的板书；期待而优美的动作；娇妍而多变的画面；直观而科学的演示等等。这些都是教学的艺术，都是教师必须具备的过硬本领。

且行且用心

陈婕

大凡子女无外乎分成三类。一类就是自我动力超强，成功欲望超强，积极主动学习，表现欲也超强，还有一类就是实在是不喜欢学习也不擅长学习，擅长其他的内容，但是不得不按照常规在学校学习，体现出来的就是完全不在学习状态，如何威逼利诱都没啥用。这两类人群都不大，最多数量的一类就是单纯，也有积极向上的愿望，但是不能吃苦，自控力比较差，不拒绝外力的帮助和压力，靠自己不行，但是有外人逼着引导着，还是不反感，愿意跟随。外力推一把就上去了。这一类孩子特别多，我家就属于这一类。

儿子初中三年，除了数学一直都是 A 之外，其余各科从来没有稳定在 A，甚至还有 C 的出现。这次中考能获得 5A1B 的成绩，而且主科都是 A，按他的话说，已经是非常幸运了。也很满意了。

我觉得儿子能取得比较理想的成绩，是用心老师和用心老妈合力的结果。

用心札记

很多家长可能觉得花了一对一的高昂学费，对培训学校一交，自己就可以高枕无忧了。但我自己的体会告诉我，家长的参与是非常重要和关键的。

培训学校的老师确实是可以在专业课程的辅导上出一把力，但是每个学生的心态是不一样的，习惯是不一样的，个性也是不一样的，薄弱环节更是不一样的。这些不是一周辅导孩子一次的培训老师可以快速了解和掌握的。那么谁是这些信息的通风报信者？毫无疑问应该是最了解孩子的家长。

比如我儿子的语文一直非常差，成绩经常在 C 和 B 之间徘徊。初三在用心补习的时候，我会和辅导孩子的老师 QQ 沟通，课前课后都会沟通，经常是长篇大论，哈哈，也不知道老师会不会看烦，但是我觉得我有责任和义务让老师快速了解孩子的特点和困难。课前我会不断和老师探讨辅导的重点和进度，会告诉老师这周在学校孩子语文哪些方面进步了，希望老师从侧面去表扬他鼓励他（这样老师鼓励他的时候才能有的放矢，孩子听了才会认为老师不是敷衍式地表扬他，而是表扬到了点子上）。课后我会询问老师给他辅导的内容和问题，从而在与孩子的聊天过程中，可以辅助老师提出的问题进行一下跟踪和加深印象。很多老师都说，语文如果只靠初三补习是很难逆袭的，但是由于和老师一起用心，让儿子收获了这个他自己都觉得不太可能获得的 A。

让学生掌握自救自护技能

杨主福

学生安全教育很重要。

专家指出，学生，安全比成才更重要，领导强调，学生安全大于天。从政府层面上讲，国家出台了一系列法规，教育部和各级政府的教育部门，也出台了一系列的文件、条例、措施，面面俱到，学校也会组织各种各样的安全教育，包括演练。教师谆谆教诲安全的重要性，家长总是告诫孩子，安全比什么都重要。

但是，学生安全事故不断。

我自己的儿子，今年 14 岁，读初二，2015 年 5 月 7 日，因为骑自行车，被摩托车撞到脚踝，造成骨折，十级伤残，耽误学习不说，还影响到了两个重要的考试——生地会考，一个多月没有摸书，只考了 160 多分，接下来的体育达标，估计也只能拿平均分（七八十分的样子），上重点高中似乎有些难了。而就是这个小子，在我们编撰《安全知识教育读本——中小学生紧急救援和应急处置常识》时，就交通安全一章中骑车一条，多次讲了自己的看法，还专程打了许多电话，说一定注明未满 12 岁不准骑自行车，骑自行车不能上机动车道，对安全还是很重视的。可他偏偏被摩托车把脚撞成十级伤残。

可见，把学生安全教育做好，不是一件容易的事。

一些教育部门重在文件、条例、措施的制订。抓学生安全教育，有一些人仍习惯于以文件落实文件，一位校长抱怨说，2015 年 4 月份以来，他们收到各级政府教育部门关于重视学生安全教育的文件多达 19 个，放在桌上厚厚一叠，仔细一翻，很多内容几乎一样，有的是层层转发。这位校长感叹，学生安全教育工作需要发文件，但发文件不等于落实安全教育，简单重复、照抄照搬、敷衍塞责，学生安全教育是做不好的。

一些学校安全教育流于形式。我们来看一个惊人的数据：2015 年上半年全国发生的有报道的中小学生溺水事件 36 起，死亡或失踪近百人。这不得不让我们思考，每学期学校都对学生进行安全教育，但是溺水事件依然频繁发生，溺水依然是孩童死亡原因第一位。根本原因在于我们的安全教育没有落到实处，没有起到教育的作用。学校安全教育，不是老师拿着资料照着念，就是警告式的说教，乖巧的学生是记在了心上，但是依然有同学会以身试法。既然说教式的教育见效甚微，那就搞安全演练，火灾演练、地震演练、突发事件演练，一学期会进行一次，但是不知道大家是否有同感，我们的安全演练大多是走马观花，学生们听到哨响，从教室里一窝蜂跑到操场，然后老师再点个名就算完成了，试问这种流于形式的演练能有用吗？学生们能切实地学到安全知识吗？答案肯定是否定的。

一些家长忽略安全教育。有数据显示，全国每年有超过 5 万名 1～14 岁的儿童因意外伤害而死亡，这与不少家长不够重视安全教育有很大关系。我们在十字路口、小区、学校、幼儿园和培训班等地方，随机采访了80位家长，就“孩子安全问题你是怎样做的”进行了小调查，调查统计结果让人担心，61%的家长并没把“孩子安全”当一回事，更不用说“警钟长鸣”了，其中49位家长跟孩子谈到过一次或没有谈过，有17位家长曾跟孩子郑重其事的谈到过一种或多种注意防范危险、注意安全的事，有12人表示对孩子的安全教育很重视，另有两人没有回答，近80%的家长不清楚如何进行安全检查，家长忽略了对孩子的安全教育，导致孩子电死、淹死、坠楼、烫伤、误食食物中毒等意外事故屡见不鲜，事故发生后，家长总是后悔莫及。仔细想想，避免这些事情的发生其实很容易。但有些家长要么抱着想当然的心态，想等到孩子再大些告诉安全常识，有些家长却压根就没有“安全”教育这根弦，以为自己的孩子是“事事通”，该灌输的安全知识不给讲，本该早点告诉的危害却不说，等到孩子出事后，一切已为时已晚。做父母，很简单。但要做好父母，却很难。时下，有很多父母，或因工作太忙，或因缺乏知识文化，或因天性懈怠，忽略了安全教育。前段时间有孩子模仿《喜羊羊与灰太狼》的情节，烧伤了玩伴。我们不仅仅是谴责这部动画片的制作方，而要多问问家长的安全常识教育做到了没有？安全教育不能期望一蹴而就，特别是家长要多利用警示性、趣味性的教育方式，要常唠叨，真正做到孩子的安全教育。

一些学生安全意识淡薄。14岁以下的中小学生，对危险的认知还不完全，安全意识薄弱，判断力差，天真可爱、活泼好动，什么事情都希望能亲身体验，感受其中的快乐。因此，在他们身边隐藏着许多安全隐患，这是他们在玩耍时没有预料到的。

学生安全问题无时无处不在，一个个鲜活的案例为我们每一人敲响了警钟。几乎每一天，我们通过网络、新闻媒体、路边新闻等都可以听到有关学生的安全事故问题，几乎每一个教师都在抱怨现在的学生很难教很难管，几乎每一个家长都担心自己的孩子在学校、在路上的安全问题，也几乎每一个校长都在担忧哪一天自己的学生出了安全事故.. 学生的安全问题一直以来都是摆在教育行政部门、学校和广大家长面前的头等大事，而现在显得更为突出。

安全问题的关键在于预防，而预防的关键在于教育，教育的目的在于让学生掌握自救自护技能。学生尤其是中小学生，认知和判断能力都还不完善，需要学校老师和家长以及社会共同的引导和保障。学校要有高度的重视，推行素质教育下安全应列为一项重要的课程，切实地传授学生安全意识，逃生自救技能；家长作为孩子的启蒙老师，要发挥好榜样作用，率先垂范；社会更是要营造安全的氛围，安全警示标语、营救设备的配备要到位。

如何搞好学生安全教育，这是一个系统工程，教育教学工作固然重要，但师资、财力、教材很有限，需要全社会的积极参与，尤其是专门的公益组织，象湖南省紧急救援协会，编排了系统的安全教育读本，安排了专门的安全教育专家和任课教师，送安全知识进课堂，按照一定的目的长期地教育和训练，营造优质的安全教育环境，使学生养成良好的安全行为习惯，学会自我保护。

三重境界

余克建

几年前听说贵明经营“学龄教育”的消息，我不太在意。心想他离开“九芝堂”后选择此道也不失为生计之谋。光阴荏苒，一晃几年过去，一次有幸去他机构参观，着实让我感到震惊，没想到原来他可不是“凑热闹，谋生计”，而是“用心”在做番大事业。由此，让我对贵明和他的“用心教育”有了一番细细品味。这番大事业的意义和已有的成就我再多言已是累赘，此刻我想到近期阅读近代大学者王国维先生在《人间词话》一书中谈到：

古今成大事业者必须经过的三种境界

“昨夜西风凋碧树，独上高楼，望尽天涯路”此处可理解为“立志”，只有穿透眼前世俗的诱惑才能看到高远的理想目标。

这是第一种境界。

“衣带渐宽终不悔，为伊消得人憔悴。”此处理解为“奋斗”。为了理想不懈努力，纵然“衣带渐宽”，身心“憔悴”，始终不悔的执着精神。

这是第二重境界。

“众里寻他千百度，蓦然回首，那人却在，灯火阑珊处。”此处理解为“结果”，是一种内心的自足，一种自我实现。

这是第三重境界。

王国维先生通过赏析三首宋词感悟到成就大事业者必须经过的三重境界。我深感与贵明的境况尤为契合。借此与贵明及“用心教育”共析，共赏，共勉之。

书香浸润心灵　阅读陪伴成长

聂建霞

在科技飞速发展的今天，信息爆炸，各类电子信息碎片包裹着我们。无论成人还是孩子，都开始习惯于用手机、电脑、平板等终端获取信息。浅阅读日益侵占了工作和学习之余的时间，而静心在案几前认真深入阅读一本书的人越来越少。

苏霍姆林斯基说："无限相信书籍的力量，是我的教育信仰的真谛之一。"一个不爱阅读的人，其精神必然贫乏与无聊。一个忽视经典阅读、只以庸俗娱乐教导下一代的民族必将与一流渐行渐远。中国是一个有着几千年文化历史的文明古国，那么我们是怎样对待书籍的呢？怎样才能让每一个中华儿女热爱读书呢？

一、建设读书型家庭

和孩子一起阅读。现代社会越来越多的父母开始重视亲子阅读，心理学表明：模仿是小学生最重要的学习方式之一，小学生常常不自觉地模仿家长、老师及其他亲近的人说话的语调、姿势、常用的词语等等。榜样的力量是无穷的，父母身体力行的示范作用，也会感召着孩子拿起了书本。茶余饭后，人手一书，一家人徜徉于书海该是多么温馨美好的画面！

让孩子够得着的地方都有书。以宽松的阅读氛围作支撑，“随手翻阅”会让孩子阅读兴趣陡增，“书在哪里，阅读的兴趣就在哪里”。供孩子阅读的书可以遍布家里的每一个角落：客厅，阳台，床头..。

与孩子分享阅读的快乐。这既是对孩子阅读活动的尊重，又是与孩子的一种阅读互动。高品质的分享，还需家长对文本的深入阅读。建设读书型的家庭，阅读有父母的陪伴，孩子不觉得孤单；阅读有父母的陪伴，亲子间更多了一份默契。家庭阅读维系的是父母与孩子情感的纽带，开启的是一个幸福的家庭生活。相信孩子们有书的熏陶，有父母的陪伴，能更自信、快乐和健康地踏上人生旅程。

二、建设读书型社区

阅读不止是家庭活动或家庭教育的途径，它也是公共区域的重要文化符号。让我们看看俄罗斯人的读书情景吧。在动荡不安的日子里，莫斯科的地铁车站、公园、购物的队列中，都不乏手不释卷的人。秋千架上、白桦林中，常常可以看到祖孙同读一本书，母亲在给襁褓中的孩子讲故事。

回过头看看我们生活的社区。炎热的夏季，昏黄的路灯下，一堆堆人围坐在小桌旁，光背赤膀，在全神贯注地打麻将、打扑克。林林总总的健身器材前热闹非常，阅报栏前却人影寥寥；娱乐室棋牌室满眼皆是，图书馆阅览室何处寻踪？这样的对比，怎能奢望在孩子脑海中留下求知的渴望？怎能奢望知识的微光得到持久助力，终于燃成猎猎之火？生活水准和医疗健康的日益提升，人的寿命将进一步延长，难道精神生活不也应该升华吗？作为家庭的延伸，社区也可以成为丰富多彩读书活动的主体。建设图书馆、阅览室、阅报栏，组织亲子陪读会、阳光老人故事会、读书分享会，让读书人不再孤单，让爱书人找到知音。以书为桥梁，把不同年龄不同阅历的人聚集起来，并最终把社区建设为不仅仅是共同生活的空间，也是彼此交流和分享的的空间。

三、建设读书型校园

在经济大潮的滚滚洪流中，在信息技术日新月异的时代中，学校的建设发展不仅关乎到自身存在的价值，更关系到教育对象即学生的终身发展。因此，读书型校园和读书型教师，也成为时代的选择。

学习意识和阅读习惯的培养，有赖于校园整体环境的营造和创设，此外教师群体之间的相互影响与交流，也可以通过校园组织和管理加以强化。“独学而无友，则孤陋而寡闻”，建设读书型校园可以有效地避免这　状况。

此外，教师自身的知识更新与持续教育，才能保证源头活水汩汩不绝，所谓“给学生一碗水，自己要成为一条常流常新的小溪”。教师在新教学理念的指导下，培养学生良好的阅读习惯，激发学生的阅读兴趣，引导学生进行大量的课内外阅读。精美的散文、恢弘的名著、隽永的诗歌、朴实的传记，让学生与书为友，让阅读陪伴学生一生。长此以往，对美好深邃的东西，自然形成了审美能力。好书埋藏在孩子们的心田，长期地积累发酵，终究会内化为素质，成为他们健康生活之根。最是书香能致远，书籍之所以吸引人，是因为它给我们带来乐趣和新知。教师给学生推荐阅读书目，鼓励学生多读书、读好书、读整本的书，让学生成为“好之者”。教育专家

用心札记

朱永新教授的新教育理念认为“教育是唤醒也是给予”，我们相信每一个生命都是一粒神奇的种子，蕴藏着不为人知的神秘。让阅读点燃师生智慧，让书香浸润师生心灵，让阅读唤醒蕴藏着的美好与神奇吧！物质富足的现代社会，我们盼望着读书时代的到来，让家弥漫书香气息，让生活充满书的气息，陪伴孩子成长。

为了爱

涂克平

此刻，我读到了一个儿子的故事，
他放弃了优越的工作环境，
回到老父的身边，
为了爱！
此刻，我读到一个父亲的故事，
他常常伴在孩子的身边，
牵手、鼓励、交流，一同前行，
为了爱！
此刻，我读到了一个创业者的故事，
他力邀同学朋友，
策划、打拼、同心，
为了爱！

——2015 年 12 月 26 日观用心教育《壹生壹心》公益亲子教育微电影有感

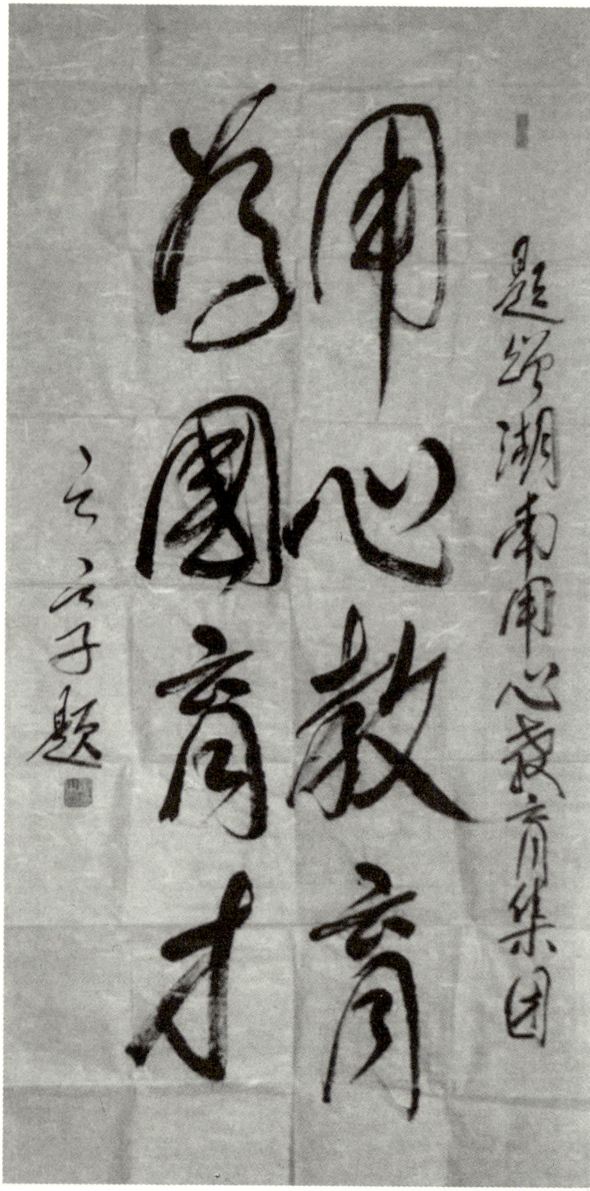

用心书法　唐之享　题

影响穿透了无痕

黄群

儿子来到了人世间，我感恩。

让我很纠结的是，现在家庭都是独生子，做父母谁也没有经验，都是第一次，孩子的成长过程，也是我们父母育儿心路的成长历程。

我希望我的孩子在爱的呵护下身心健康，开心快乐，德才兼备，茁壮成长！儿子的到来让我们全家尽享天伦，所以我感恩，感谢上苍的恩赐！

子路曰："愿闻子之志。"子曰："老者安之，朋友信之，少者怀之。"儿子取名黄信之，即来源于此，也是我们全家对他的希望之所在。

潜心阅读　用心陪伴

我觉得孩子的成长过程就是父母长久的陪伴过程，因为，用心浇灌的鲜花最美。家长在陪伴中做榜样、当表率，要求孩子做到的，家长自己首先要做到。

迪金森说："没有一艘船能像一本书，也没有一匹骏马能像一页跳动的诗行那样，把人带向远方。"读书，给人以乐趣、以智慧、以才干。

我家一直喜欢纸质书。歌德说：读一本好书，就是和许多高尚的人谈话。从很早的时候开始，家里一直订阅着《意林》，《意林》最大的特点是一则小故事寓一个大道理。我们从小就给他讲小故事，和他一起讨论，引导他找到、悟到收获的美感及乐趣所在，凡事讲求有思想、有自己的见解最重要。

我常在家看书，看得兴起时，会忍俊不禁地笑出声来，儿子想知道原由，我就绘声绘色地讲给他听，儿子认为听我讲还不如自己看，自己从书中解开了很多迷惑，获得了很多知识，好书是个宝，由此，他爱上了书，这就是家长影响于无形的力量。我希望儿子尽可能博览群书，经常陪着孩子一起逛书店，一起悦读，一起交流，还曾一起比赛背下一些优秀的诗文.. 这，都是陪伴，一种身正为范的榜样作用，一种陪伴于无形的交融力量，一种在爱的呵护下的水滴石穿，用陪伴让潜移默化的影响穿透了无痕迹。

儿子阅读量大了，知识面宽了，信息量也增多了，追求真善美的人格魅力也逐渐丰满起来，特别是他写的文章也颇为出彩，他的作文经常被作为范文在班上及校内传阅，最近，我的朋友看了他的文章后笑谈：文豪将要诞生。其实，他只是一个理科生。

快乐学习　健康成长

上小学后，我对儿子没有过高的要求，只要能独立完成作业，有一个良好的学习习惯就行了，余下的时间让孩子做自己喜欢的事，在快乐玩耍中有所收获。他在班上很活泼好动、思维也很活跃，但小学成绩一直处于中上等水平。

上中学后，儿子好几次在我面前提到多巴胺，多巴胺是由脑内自动分泌的一种神奇的物质，这种物质可以使人感觉兴奋，传递开心激动的信息。

儿子说中学生是不能谈恋爱的，那如何能找到多巴胺恋爱的感觉呢？如果学习像恋爱一样让人感到异常兴奋就好了。周末，他为了放松心情，偶尔也上网玩游戏调节一下，很多学生都有这样的经历，读书久了会感觉累，但玩游戏时间久却感觉一点不累，越玩越上瘾，越玩越亢奋，如果读书时如玩游戏中的多巴胺分泌那么多，就能达到事半功倍的效果，这是他的独特思维，正所谓“知之者不如好之者，好之者不如乐之者”。

儿子的很多乐趣从学习中来，他学习很主动，也善于思考与总结，越学习滋味越好感受越深，特别是攻克难题后的感觉最为美妙，只有多巴胺加速释放才会出现这种美妙的感觉，学习着、兴奋着、快乐着、追求着，有书做伴，其乐无穷……

儿子吸收了满满的正能量，性格、气质、能力在逐渐丰满，健康成长着……

思维训练　融会贯通

为了培养儿子的逻辑思维能力，从小学开始，给他一些数学奥赛的习题，让他自己去思考，每天两题，做得正确与否倒不是很重要，关键是培养他独立思考的能力、自主学习的能力。做对了及时表扬，毫不吝啬自己的夸奖，并奖一面小红旗，当小红旗累积多了，就给他买一个他梦寐以求的礼物作为奖励，让他对解答难题一点也不恐惧，相反倒是很乐意去攻克它，并从中找到了乐趣源泉。

进入初中，儿子对难题有一股子钻劲与熬劲，有不到长城非好汉、不到黄河不死心的劲头，越难越要解开，有同学遇到难题总是求助于他，他很乐意思考解答，他说既长了自己的知识，又帮助了别人，一举两得，何乐而不为？有些在同学看来很难的题，他信手拈来，这是他做到了举一反三、融会贯通的结果。

进入桃源一中后，他考进了由上市公司科力远赞助的理科实验班。学校成立了奥赛培训队，他第一个报名参加，说要挑战自己，挖掘潜能，我们积极支持他的想法与做法。

“书山有路勤为径，学海无涯苦作舟”，从高一开始牺牲休息时间，参加定期培训，一学期培训下来，由于时间紧任务重难度大，培训学生由 150 多人锐减为 30 人。在其他同学都在赶上高三新课程的时候，竞赛选手却在全力以赴进行物理奥赛集训，连续四个多月停上所有新课。我担心这有点太冒险了，对高考影响太大，劝他放弃奥赛时，他却说：人生难得几回博！感觉虽苦尤乐。“不经一番寒彻骨，哪得梅花扑鼻香”，付出总有回报，2014 年 10 月，儿子参加了全国中学生物理竞赛，以 2 分之差与一等奖擦肩，荣获二等奖。

物理奥赛的培训拼博经历以及参加全国性大赛的点滴得失让他的逻辑思维能力、自学能力、抗压能力得到很大提升，这才是最大的收获。

竞技体育　磨练心智

刚上小学一年级的一个周末，我带儿子参观了桃源县乒乓球学校，他见到很多的小朋友在练球，当他看到乒乓球在桌上蹦来跳去，你来我往，大家练得热火朝天的时候，他非常开心，很感兴趣，提出学球的想法。

既然是他自己想学乒乓球，我是求之不得，其一，因为他小时候身体不好，三天两头就生病，我希望他借此多运动多锻炼；其二，乒乓球是一项集力量、速度、柔韧、灵敏和耐力为一体的球类运动，也是最佳的健脑运动。我只要求他做自己喜欢的事要坚持到底，不能半途而废，他说：我承诺，我做到。

“天将降大任于斯人也，必先苦其心志，劳其筋骨，饿其体肤。”从小学一年级开始，每天晚上 7 点至 9 点练球，每天 2 个小时，周末及暑假是全天候练球，时间更长，无论吹风下雨，严寒酷暑，从不间断，我粗略算了一下，一年练球达到 340 多天，并且这一坚持就是整整 6 年。这不仅提高了他的身体素质，视力也始终保持在 5.2，也锻炼了他坚持不懈、吃苦耐劳的品格。

我们也时常跟儿子交流，做人做事首先要赢得起，更要输得起，练球如此，人生亦如此。平时比赛输了球，不管怎样，惩罚还是要完成的，惩罚无非就是多做做体能训练而已，再苦再累也要坚持做完，“千磨万击还坚劲，任尔东南西北风”，让孩子在竞争与输赢中体验失败的痛苦与胜利的喜悦。

2007 年 8 月，儿子参加了常德市举办的全市中小学生乒乓球赛，我还清楚地记得，在单打八分之一决赛中，有一局球，儿子以 0∶9 连输了 9 个球，在一般人心里，这一局早就放弃了，但他毫不泄气，越挫越勇，奇迹出现了，从第 10 个球开始，他连赢 11 分，反败为胜，赢得了那场球。在争夺全市单打第 5 名的那场比赛中，有一局球比分僵持到了 22 平，谁也不服输，最后这局球儿子以 22∶24 输了，同时也输了那场比赛，但在我心里虽败尤荣，一个小小的 10 岁孩子，坚定的信念支撑着他奋勇拼博，他的内心是何其强大啊，作为母亲，我自叹弗如。最终他获得了 2007 年常德市小学生乒乓球单打第 6 名。之后也曾获得常德市小学生乒乓球团体比赛第 3 名、双打比赛第 4 名的成绩。

儿子平时偶有做错事的时候，我就以停球一周为小罚，他生怕我停球，改得飞快。他在乒乓球方面没有什么天赋，但通过努力，磨练了他坚毅的品格、超强的心理素质、拼搏向上的精神，特别是身体练棒了，这是最让我窃喜不已的。

有的放矢　恒者必达

读万卷书还须行万里路，为了培养儿子的自主能力，他 6 岁跟随我们到张家界风景区，天子山全程自己爬上山跑下山，我们只远远地跟着；9 岁去昆明，12 岁一个人随团到北京大学、清华大学、复旦大学参观，15 岁一个人在海南三亚自由自在地玩了 17 天。只是告诉他：路在脚下，还须自己走……

雨果说："思想可以使天堂变成地狱，也可以使地狱变成天堂。"为了让孩子心中有一个美好的未来，就要让他明白：要达到更高的目标，就会比别人经历更多的挫折、挑战和失败，也才能走得更高、更远。在小学阶段，他就有一个梦想，向诺贝尔学习，设立黄信之奖，我们没觉得这是异想天开、难以做到，一直都在鼓励他加油。

今年高考前两个月，儿子感觉高考复习有点象牛胃反刍，尽管高考复习非常紧张，他还在利用课余时间阅读新书，增加知识量。针对自己未掌握的知识点，他提出一个人在家自主复习的想法，我们做通了班主任的思想工作，班主任才勉强同意放行。他在家里针对自己的弱科弱项自我补差，突击强化练习，还把以前整理的错题集里的题目重新做了一遍又一遍，来检验自我学习效果。学习累了，他就上上网，听听音乐，看看自己喜欢的课外书，要不干脆睡睡觉，这样劳逸结合，张弛有度，有效缓解了高考前的紧张气氛。儿子在家自由学习了一个月，距高考只有 10 天才进教室复习，他以最佳的心态和最好的身体状态参加高考，获得了 2015 年度高考全县理科第 15 名的好成绩。

奉献爱心　感恩一生

父母的一言一行无时无刻不在影响着孩子，穿透力量不着一丝痕迹。桃源县的爱心协会经常会组织一些捐助活动，只要有时间，我会带儿子一起参加。在别人最需要帮助的时候伸出援助之手，你就是天使，给别人带来愉悦的同时，也成长丰富了自己。所以，我希望儿子在班上做一个讲奉献多付出的孩子，做老师的小帮手，平时乐于助人，做同学的快乐天使，每次学校或班上有捐助活动，他总是班上捐得最多的学生，捐助款不是找父母要，而是拿出自己平时省下的零花钱。平时读到什么好书，总是拿出来和大家一起分享，同学们乐意与他交往，他交了一群很优秀的好朋友，他们之间相互比学赶帮超，形成了一种正能量的良性氛围。

对于学校或班上的事做多了，有人不理解，儿子想不通的时候，我们就引导儿子要学会换位思考：学校、老师和同学给了你一个奉献的机会，一个学习的平台，是他们的接受与认可才成长了你自己，如果没有这样好一个团队和群体的陪伴，何来英雄的用武之地呀？“谁言寸草心，报得三春晖”，所以，感恩是必须的。

每逢寒暑假，儿子就会相约同学一起去昔日的老师家里走一走，看一看；每逢节假日，他就会陪着我们一起去乡下看望奶奶，让他的孝敬感恩之心在点滴间积累着，在无形中成长着，在一生中贯穿着。但愿儿子历经风雨后，能见到炫丽的彩虹！

用心札记

做真实的自己

姚旭

友人信任，要我写点关于子女教育的心得，有点忐忑，其实我真没仔细地思考过，于是就试着梳理下自己成长过程中的瞬间感悟和真实感受，算是分享，也权当给儿子成长路上的忠告吧！

小时候我最喜欢的事就是“走亲戚”，但每次出发前父母总会交待一番：“要有礼貌、要叫人啦等等”，我记下了父母的交待，在亲戚家表演着乖巧、懂事；等回到家里，父母则会任由我们野去了。大多数家长也是这样做的，这本是稀松平常之事，却在不知不觉中让我觉得——我要在某些特殊的场合和人的面前表现得更好。小时候我也一直努力做成了长辈们眼里听话、懂事的好孩子，但我知道那不是我、不是真实的我，至少我没有他们眼里的那个我那么好。

上班后，是单位的新生力量，总想好好表现，所以将真实的自己严实地包裹起来了，对领导的工作安排不愿意，却选择服从，怕领导不满意；与同事在工作交流中有不同意见，却默言不语，怕别人不高兴。凡此种种在别人眼里是世故、是圆滑，但我知道那不是我、不是真实的我，至少我比他们眼里的那个我有个性、有主张。

做真实的自己

童年的我常常惦记着长辈的叮咛，没有别的小朋友那么率真、个性；上班后的我时刻在意别人的感受，不如别人活得那样轻松、自主。再后来，我试着做真实的自己，认真做事、坦荡为人，不取悦他人、也不委屈自己。不为别人夸奖那个“好”的我而沾沾自喜，也不为别人轻视那个“世故”的我而自卑。发现自己还不够完美，我就不断的学习，让自己懂得更多。如此，我反而轻松自在许多，更加阳光、更加积极向上，一切都自然而然的来了。我慢慢成为了工作岗位的能手，朋友越来越多，工作中越来越自信、越来越得心应手，事业得到了应有的肯定，同时收获了爱情、组建了家庭，也有了我可爱孩子。

时至今日，我依然在平凡的岗位上做着真实的自己，感受工作、家庭和生活赐予我的劳累、温馨、愉悦，甚至还有些苦痛，他们都是我幸福的一部份。

记得我读过的一句话，“一个人只有在光明磊落的时候，才会不避讳自己的奋斗目标，才会在很多不经意的瞬间显示出美德和惹人怜爱的细节。而这些恰好具有打动人心的力量，奇迹就慢慢显影了。”我想这或许就是做真实的自己的收获吧！

我想儿子的将来，我一定会让他尽量保持更多的本真，有鲜明的个性、积极向上的心态，做一个平凡人，做真实的自己，相信他也一定会绽放属于他自己的缤纷。

虞贵明：一位用心的教育者

黄京

2015 年 12 月 26 日晚，用心教育集团“壹生壹心”家庭教育类公益微电影首映礼暨七周岁生日会现场，该集团创始人虞贵明用一个父亲的告白，讲述了自己关于事业、家庭和教育梦想的故事，感动了现场很多人。43 岁的他在商海驰骋 20 余年，曾创造过许多瞩目的销售奇迹，但他却选择急流勇退，回到家里，决心做一个陪伴在父母身边的普通儿子，做一个陪伴儿子成长的好父亲。与此同时，在儿子的成长中，他深深体会到当下为人父母的艰辛、焦虑和盲目，于是，他创办了用心教育集团，他的承诺是：“我们用心，孩子开心，家长放心。”

儿子选择的生日礼物把他“喊”回家

虞贵明的家在常德桃源一个小山村里，以种地为生的父母很辛苦将他及两个弟弟送进了高中或大学。“离家远、产量低、别人不要的地全被父母利用起来，种上红薯、花生、黄豆卖钱给我们赚学费。”因为家境贫寒，毕业后，虞贵明放弃了自己的教师梦，到深圳打工淘金。身材高大、长相英俊的他进过制鞋厂工作，后应聘到一家高尔夫球场当球童，他不仅练就了一身好球技，还凭借着出众的沟通社交能力，22 岁便当上了球场的高级主管，月薪也超过万元。但他并不是一个安于现状的人，当发现自己在球场的职业空间上升不大时，虞贵明辞去了高薪工作，应聘到浙江一家大型企业做销售。不到 5 年时间，他从一个不起眼的销售一步步打拼成了集团子公司总经理，直至集团片区企划总监，成为全公司的传奇人物。但上司的一道“伤疤”，却深深触动了彼时不到 30 岁的他。

原来，身为公司中流砥柱，这位上司和他夫人屡屡在工作中创造佳绩，也换来了丰厚的财富，和令人向往的别墅豪车。“可有一次喝酒，我才得知因为疏于管教，上司的儿子十分叛逆，经常揣着钱离家出走，钱花光了就回来了。”虞贵明说，直到现在，上司那句“家财万贯也比不上儿子的美好前程”的话经常在自己耳边回想，因为这是很多忙于事业的父母，常被忽略的细节。一年多后，虞贵明回到长沙一家大型国有上市企业工作，他的儿子昊霖也呱呱坠地。工作出色的他被委以重任，出差也成了家常便饭。尽管他在节假日、生日以及每个儿子需要他的时刻，他都会第一时间出现，但心里仍然很矛盾：“一方面想多挣钱为儿子创造更好的生活，一方面又想多陪陪儿子，不错过他成长的每一个瞬间。”

后来，虞贵明在上海跟几位朋友创立的教育培训企业，几年的沉淀，已经将这家企业打造为行业领导品牌。2008，昊霖 8 岁生日前，虞贵明照例让儿子选择一份生日礼物。但这一次，儿子没有选择玩具、巧克力、旅游，而是希望“爸爸不要出差”。这个选择，让虞贵明既感动又自责。他决定把蒸蒸日上的事业放下，要陪儿子一同成长。“对孩子来说，最好的爱便是陪伴。”

投身教育，帮孩子在差异化学习中提升兴趣

儿子昊霖上小学之后，虞贵明曾给他请过几位大学生家教辅导学习。但问题来了，尽管家教辅导下，儿子的作业完成得近乎完美，但考试起来成绩却并不十分理想，尤其是学习习惯不是很好。他发现，缺乏教学经验的家教，在辅导时的最大问题是：习惯把答案直接灌输给孩子，很少能真正教孩子思考，养成良好的学习习惯。“我想，我儿子的问题肯定不是个案，所以我决心创办一家课外辅导培训机构，能真正解决孩子在学习上遇到的问题。”虞贵明认为，每个孩子应该都是一百分的，但如果成长中发生了偏差，问题一定在家长。打定主意要投身教育后，学管理出身的虞贵明并没有匆匆选址办校，他走访了数十家学校，在对上百名家长、孩子和老师中进行调研后，2008 年 12 月 26 日，用心教育成立了，其定位很明确：学校的延续，家长的补位，孩子的朋友。

“一个数学成绩不好的孩子，被父母强硬地送进了培训机构，老师为完成教学目标不断给孩子加压、训练，这样家长、老师联合起来‘逼’孩子，你觉得孩子的成绩会提高吗?”虞贵明认为，在培训机构的学习，必须与学校学习走差异化路线，这才是学校学习的延续。“孩子在学校里学得不好才会在课外补习，但如果还拿学校的那一套教法，效果肯定不佳。”于是，在用心教育培训学校，孩子们在报名时，会被要求提供所在学校班级班主任和任课老师的联系方式。在培训之前，用心教育的老师们会和每位学员学校的老师进行沟通，看孩子学习上存在哪些问题。之后，在安排授课时，用心教育还会安排一位与学校老师教学风格有区别的老师，帮助孩子从排斥老师、排斥科目的误区中走出来。对学习的态度也从不喜欢、到不讨厌，

再到喜欢。虞贵明说，兴趣是最好的老师，一旦有了兴趣，要提高学习成绩完全不是难事。“久而久之，我们和公办学校的老师也成了朋友，其实他们也很乐于配合我们帮助孩子提升成绩。公办学校和培训机构的老师并不是对立的，而必须是互补的。”此外，每次2个小时的课程，用心教育的老师会花上半个小时和孩子们沟通，了解他们的学习状态、心理以及情绪，“找到问题的症结所在才能‘对症下药’。”

严格培训家长助孩子成长

在用心教育还有这样的规定：在上课时，如果因为家长的原因导致孩子连续迟到3次，将被取消孩子的学习资格。虞贵明坦言，自己“对孩子宽松，给他们信心，但对家长却要求相当严格”。在他看来，大部分孩子之间并无太大差别，之所以会存在各种问题，都与家长的引导相关。“都说可怜天下父母心，但我觉得父母心不可怜！孩子不争气，是我们父母没教好，我们理应担责，一点都不值得可怜；孩子有出息，教得好，就更加不用可怜，我们高兴自豪才对！”在工作中，他接触过许多把孩子从外地、从自己身边送到名校读书的家长，他们有的抱怨每周接送孩子十分辛苦，还有的陪读家长常常念叨自己如何抛弃一切含辛茹苦。但每每此时，虞贵明便会“毫不留情”地说：“这是你替孩子的选择，你为了面子、为了自己的希望，把孩子送到这里，你都没问他愿不愿意，凭什么还要因为自己辛苦就要求他必须努力呢？”

当下尽管教育主管部门出台各种措施抵制“择校风”，但每到招考时节，家长还是会想尽办法将孩子送入他们所期待的学校，“过来人”虞贵明认为，这便是中国父母的盲目所在。今年中考，他的儿子昊霖发挥失常，没有考入理想的高中。成绩公布当天，昊霖给爸爸发来短信："爸爸，对不起，我这次没考好。但是我希望能靠自己的实力进高中，也相信通过我自己在高中阶段的努力，一定可以考进理想的大学。"看到儿子的短信，虞贵明感动地落泪了。"我们总爱给孩子做选择，为什么不能把选择权还给他们呢?"用心教育集团非常重视家庭教育及父母教育方法的提高，经常会开设父母课堂，传授各种育儿、沟通的知识，其中最关键的一条，就是呼吁家长："对孩子的教育，绝不仅仅只是追求成绩和知识，培养他们身心健康、人格健全的生存能力，更重要!"

用心坚守学生生命安全

对于孩子的成长，虞贵明给出了一个基本要求的排序，那就是：安全、健康、快乐、学习。他将一首诗改成了口号："学习诚可贵，快乐价更高，若为安全故，两者皆可抛。"为此，他与湖南省紧急救援协会商讨，决定举全用心教育集团之力，出版一本专业的、系统的针对中小学生的安全教育书籍，为广大中小学生的安全保驾护航。经过组织消防、地质、卫生、急救、心理、教育等方面的专家，潜心研究，广泛听取学校、家长及社会团体等各方面的意见和建议后，在总结近年来实践经验的基础上，从交通安全、校园安全、社会安全、心理安全和自然灾害、公共卫生、意外伤害、性侵的处置应对等8个方面，联合编撰出版了《安全知识教育读本——中小学生紧急救援和应急处置常识》。该书系统介绍了学生在日常生活中必须掌握和了解的安全知识，帮助青少年提高自我保护能力、对不良现象的辨识能力、对意外事故的应变能力、自救互救能力以及紧急求助能力等，使他们懂得防微杜渐，远离不良风气和不良行为，并逐步学会同危害自己身心健康和安全的行为作斗争。

该书还分为幼儿、小学、初中、高中、大学五个学段编写了

《快乐学习、健康成长》辅导材料，内容科学，可读性强，具有很强的操作性。在《安全知识教育读本》编撰出版的同时，用心教育还全力参与和推动由省紧急救援协会、省民办教育协会联合发起的中小学安全教育进课堂放心工程，积极联系爱心企业、爱心人士开展向学校捐赠安全教育知识读本、培训学生安全知识活动，迄今为止，共向全省19所中小学捐赠《安全教育知识读本》20余万册，价值200余万元。

虞贵明认为，中小学生生命安全教育关乎一个孩子的一生，一个家庭的幸福，一个国家和民族的未来。虽然凭一己之力无法帮助到每一个孩子，但若能通过此类公益行动呼吁全社会对安全教育的重视和关注，便已经是好的开始了。目前，他已成立用心安全教育促进中心，将号召更多的爱心企业和人士，加入到这场公益行动中来。接下来，用心教育集团还将同省紧急救援协会、省民办教育协会一起，在全省各市州开展安全知识教育进课堂活动，同时还将对《安全知识教育读本》进行改版，增加老人版安全知识读本，用心守护孩子们和老人们的生命安全。

虞贵明最后说到，“国之根本在家，家之根本在孩子，孩子之根本在教育，教育之根本在用心。我们用心做教育，不是做一阵子，而是做一辈子。”

我与《用心父母学堂》的故事

用心十三妹

记得第一次见到虞总，下了节目蓬头垢面的我，蒙圈的被节目总监带过去，介绍到："十三，这是用心教育的大愚老师。"这是我第一次见到他。温文尔雅，让人特别舒服。

他说："我很喜欢你的声音，想让你帮我们主持一档家庭教育类的节目《用心父母学堂》。"就这样，父母好好学习，孩子天天向上的《用心父母学堂》栏目开始了。大愚老师，用心十三，在每周六下午三点到四点都在FM92.5悦电台与大家相约，听听亲子教育专家是怎么来教孩子的。

《用心父母学堂》一期一期的做，大愚、十三一期一期的与各种孩子教育的问题和不同的嘉宾沟通，从生疏到熟络，从录播到直播，大愚十三也在每周的《用心父母学堂》越发的默契。

每一期的节目做下来，我自己都是有很大收获的，做父母真不容易，做用心的父母更是不容易。

印象最深的是我们一起和天翊妈妈讨论怎么面对孩子的成绩问题。前一天晚上在沟通这个问题的时候，我问到孩子考砸了你们是如何应对的，大愚说到自己儿子昊霖情绪似乎有些激动，他说，其实孩子考砸了他自己的心里比你更难受。昊霖是个品学兼优的孩子，但是在中考的时候成绩并不理想，大愚隐藏着自己的情绪给了一封信给孩子，他说："我去沙漠前，写了封信给昊霖，我感受着沙漠环境带给我的煎熬，想着我的儿子，我在想他看信的时候会不会感受到呢。孩子妈妈告诉我，昊霖在看信的时候嚎啕大哭，我觉得我不是一个善于表达的人，所以我用写信的形式来和自己的孩子沟通。"

这就是大愚，细心、温暖的大愚，用心所有孩子的大愚老师。

对了，他还有一个"女儿"，八岁了，名字叫做"用心"。当时在直播的时候一直以为大愚真的拥有一儿一女，后来才知道，原来女儿就是他的中小学一对一教育品牌——"用心教育"。

后来，有一期用心父母学堂母亲节特辑直播，大愚说起在老家的母亲，情绪不太平稳。说起母亲曾经的一次患病，从他的口吻里听到的是满满的自责："父母在，不远游，当今社会有几个人能做到呢，我们能做的就是多和父母沟通，多打电话，有条件的话每个月都回家看看他们，特别是我现在每年生日都会回去过，因为我们的生日，就是母亲的受难日"。

这也是大愚，感恩、孝顺的大愚，尽心在做好父亲好儿子的大愚老师。

用心父母学堂，对于大愚来说，对于我来说，已经不再是一档简单的栏目了，在节目里有很多的故事，让人感动，让人微笑。它也更像是一个人生讲堂，一个父母的学习课堂，一个我们自己的成长平台，父母好好学习，孩子天天向上，我想和你相约在用心，你呢？

成长道路上的良师益友

刘贝

他是一个孝顺的儿子，在他眼里，再多的山珍海味也不如母亲做的一桌家常菜。

他是一位用心的父亲，在他心里，再大的成就不如见证子女健康快乐的成长。

他是一位感恩的教师，在他口中，他每每谈得最多的就是对亲人、朋友、同事满满的感激。

为了父母、子女、家庭，他放弃原本已经经营很好的事业，从上海回到长沙，只想为家人、为自己、为社会做一些实实在在的事情。他说他有两个孩子，儿子叫昊霖，女儿叫用心。

他就是用心教育集团创始人——虞贵明。

第一次接触虞总是机缘于工作，卸下企业家的光环，没有老板的架子，虞总坐在茶台前一边问我们喝什么茶，一边认真地用开水为我们烫杯子。聊天的间隙，我们便从益阳安化的黑茶，饮到常德桃源的红茶，有一瞬间我们差点忘记他是一个企业的老板，更像是一位博学、亲切的师长，也正如他的要求：叫我大愚吧。

大愚老师从小就有一个教师梦，因为家庭的原因，中文专业毕业的他辗转广东、浙江、北京、上海等地工作。从制鞋厂到高尔夫球场再到大型医药上市企业，从基层员工、中层干部到企业高管，从外资企业、大型民营企业到国有上市公司，大虞老师在他热血的青春岁月中挥洒激情与汗水。在他事业最辉煌的时候，他却选择回到家乡，因为他知道，他的所有努力不仅是为了自己，更是为了父母、子女和家庭。

做教育事业一直都是大愚老师的梦想，当儿子昊霖出生以后，他更是坚定了这份信念。在走访了数十家学校，并对上百名家长、孩子、老师进行调研之后，2008 年 12 月 26 日，大虞老师的女儿——用心教育正式诞生了。就这样，大愚老师拥有了一儿一女。他认为，“对孩子的教育绝不仅仅是追求知识和成绩，培养他们身心健康、人格健全的生存能力更为重要。”

用心的大愚老师在梦想的征途中拼搏二十余年，他曾创造过许多瞩目的销售奇迹和创新传奇，他曾经历过人生崇高的荣耀，更是给身边的朋友、同事以正能量的传播。为了事业，他可以废寝忘食；为了家人，他可以放下工作开三个小时车回去，只为陪父母吃一顿饭。因为对如今的他来说，没有什么比父母、家庭和他一对儿女更为重要的了，为人子、为人父，他一直都在用心。

用心札记

和用心书社的约定

姜麟

怎么也没有料到在长沙会有这样的书社。大概因为我和爱人喜欢逛书店的缘故。我们的儿子名字叫沙枣。做事中规中矩，成绩虽不是名列前茅，却绝对是个小书虫，非常喜欢看书。

小学沙枣在上海读书，周末我们会专门去逛书店。如今的上海，书店已不是随处可见了。街道边多数的书亭也是卖快消杂志，里面的书刊也不适合孩子阅读。即使专门去的书店，一是要带着沙枣仔细寻找适合他阅读的书籍。另外也要应对营业员不耐烦的骚扰："不能坐在这里看啊……到底买不买啊……不能在这里看书啊……"除非去图书馆和书城。对沙枣这种书虫来说真是饕餮盛宴！

2015 年的暑假，沙枣小学毕业。我们全家去韶山瞻仰毛泽东。途经长沙，结缘用心书社。对沙枣来说这可是顶级的米其林佳肴！我们怎么都没想到在长沙会有这样的书社，干净整洁，竟然还有专门阅读的座位。不论您买不买书，只要你在安静地读书。没有任何人会打搅你。所有的书都是精挑细选，适合学生阅读，册册都是孩子的良师益友。所有来书社的孩子，专心阅读的表情和满屋弥漫的书香，如同一幅图画。

当时我们买了一本《你在为谁读书》，只买了一册。我们在扉页上认真盖了用心书社精美的书章。后来我们回到上海，书社竟然来信息，告诉我们后面的二三四册到了。可以帮我们邮寄，当沙枣收到带着墨香的新书，打开扉页漂亮的书章红彤彤的印在那里。用心书社仿佛就在我们身边。

现在沙枣在香港读中学。香港的图书价格非常贵，可我家的书虫一点也不紧张，因为：他和用心书社有了约定……

我的育儿观

周洪刚

其实关于育儿的经历对我而言，也是人生中的第一次。目前我的女儿快满六岁，虽然也生长的活泼可爱，聪明伶俐，但远未到总结经验的时候，离著书传道、传授心得更是遥远得很。况且每个小孩都有自己的特点，每个家庭也都有自己的育儿思路。但我想读者都是睿智的，必然能辨别判断，故而在此分享几点自己的育儿观念：

一、父母的陪伴是给孩子最好的礼物

从孩子出生、蹒跚学步、牙牙学语开始，孩子都是在观察和模仿的过程中成长的，而最亲近的人则是他/她最先模仿的对象。陪伴是培养与孩子的感情、让孩子亲近的最重要的基础。孩子都是很单纯的，谁陪伴得多就跟谁亲近，就受谁的影响多，这真是一点都没有虚假的。

以前我因为工作比较忙、出差也比较多，对孩子的陪伴很不够，孩子就对我比较生疏，但随着我慢慢增加陪孩子的时间，如一起游戏、给她讲故事，慢慢的让孩子对我产生了很强的亲近感，这就为我对孩子的其他教育奠定了基础。

同时，我还发现，孩子既离不开母亲的陪伴，也离不开父亲的陪伴，他/她往往能从母亲那里得到安全感，学会细腻的一面，也能从父亲那里得到自信心，学会勇敢的一面。所以缺乏陪伴的孩子往往都存性格上的缺陷。

我想，无论多忙，只要重视孩子的教育，承认孩子是自己最宝贵的财富，父母亲都一定必须也能够抽出时间来陪伴孩子，亲近孩子的。

二、不要给孩子设定框框

作为成年人，我们要认可孩子完全有自己的智慧，要把孩子放在一个平等的地位去交流。很多时候，大人往往会忍不住对孩子耳提面命，说这个能做、那个不能做，导致孩子循规蹈矩、畏首畏尾。但在这个问题上，我和我的妻子都有一个共识，就是我们自己本身也不是完美的，那么我们给孩子的指令就一定是对的吗？想通了这一点，我们就能坦然的面对孩子自己的想法了。除了一些社会公认的伦理道德、基本礼仪和安全规范外需要引导和强制之外，其他的方面我们都不会轻易的把自己的观点灌输给孩子，她们完全懂得自己去观察、自己去学习。在具体问题的处理上，我们也会非常重视孩子的想法，在不违背以上说到的伦理道德、基本利益和安全规范的前提下，尽量让孩子自己去尝试。

我们经常会说我们这个社会缺乏创新精神，实际上，具体到每个个体，幼龄阶段有没有培养起独立思考、大胆突破的习惯就是一个非常重要的基石。

三、海量阅读给孩子打开世界观

每个小孩都是一张白纸，这时候他们的理解力可能还需要提高，但机械记忆能力甚至比大人还要强，在这个阶段，让小孩大脑深入留下怎么样的印记就像播下什么样的种子，随着孩子的长大也会同步增长。

比如我们在孩子刚 2 岁的时候，就开始给她读漫画书，刚开始漫画书的故事情节比较简单，书上的字也比较少。随着年龄的增长，会选择故事情节更复杂，书上的字更多的漫画书。在读书的过程中我们会逐字逐字、用手指着字念故事，每天都会给孩子读 2 本以上的漫画书，到现在，虽然小孩还没满 6 岁，我们也没有刻意教过她认字，但孩子已经认识了至少 1000 个以上的汉字，阅读一般的故事或者一些诗词都毫无问题了。有了认字的这个基础，就为孩子打开了认识世界的一扇窗户，她自己就可以通过自己阅读去搜寻她感兴趣的知识了。

又如，我们虽然不见得有时间或者有条件带孩子周游世界，但至少可以通过给孩子多看照片、图片，让他知道世界各地的风光和人物，让他知道世界上还有许许多多生活在其他地方的与众不同的人，让他们有一个更广阔的视野。

四、重视社交能力的培养

现代社会是一个大分工的社会，没有任何人能凭借一己之力就能完成所有的工作，甚至可以这么说，离开了团队，单个人几乎会一事无成。因此，除了上幼儿园，我们尽量创造条件让小孩多多参与社交活动，让她在与其他小朋友的沟通中学会与人相处，如何去赢得他人的认可和喜爱，如何获得友谊。如在小朋友之间发生类似争抢玩具等冲突的时候，我们会教导她要学会分享、学会谦让，目前，孩子在这些方面做得都非常不错，小区内的小朋友们也都喜欢和她玩。

五、重视挫折教育

现在的小孩往往都很早熟，也往往很敏感、很要强。我们经常看到周边的小朋友因为敏感和要强，一遇到挫折或者碰到不如意的事情就容易沮丧或者哭泣。我们家小孩刚开始也是这样，比如在竞技游戏中输给对手就会不开心甚至发脾气。然后我就会用别的方法来开导她，比如让她比较我和她的身高、又如和她掰手腕，让她知道有些事情必须承认自己还是不足的，但反过来我也会跟她比一些她擅长的项目，然后输给她，让她知道在某些方面她又是有优势的，所以还是要有自信。通过这样正反两方面的引导，我们的小孩现在能够比较坦然的面对一些挫折，同时保持自信心，我觉得这对她面对未来成长路上的坎坎坷坷是非常重要的。

此外，在教育小孩的时候我还有个体会，那就是言传不如身教，凡属于希望孩子做到的，大人自己最好也要自己做到，比如要求孩子不要长时间看电视，我们自己在家也非常注意。这也是所谓“君子必先有诸己而后求诸人，必先无诸己而后非诸人”吧。

用心

【老师篇】

用心的信仰

虞贵明

我们用心这支队伍是一支具有强大力量的队伍。他之所以有力量，是因为所有加入这支队伍的人，都是具有高度的自觉性和优秀素养的人。我们的努力不仅仅是为了自己，也不仅仅是为了一份简单的工作，而是真正本着“为了孩子，为了自己对教育事业的热爱和对理想的不懈坚持，为了做一个对国家和民族有用的人”而付出，而战斗。

正因为有这样的信仰，我们这支队伍便具有一往无前的奋斗精神，不论在任何艰难困苦的环境下，只要还有一个学生，我们就要继续用心地教导下去。

正因为有这样的信仰，我们这支队伍才拥有了一个团队和谐、积极向上的良好氛围。在内部——教师之间，上下级之间，教学工作、教研工作、教务工作以及后勤工作之间；在外部——家长、顾问、学生、伙伴之间，都是团结一致的，都是坦诚相待的，都是真心付出的。

正因为有这样的信仰，我们这支队伍便拥有了一系列帮助学生进步所需的教学方法和教学技巧。真正做到了既因材施教，又寓教于乐；让孩子在享受学习进步的同时，也养成了良好的学习和生活习惯，综合素质得到全面提升。

正因为有了这样的信仰，尽管是在用心最艰难的创业环境下，我们这支队伍都可以并已做到了：利用教学的间隙，不断地训练和积极地学习，不断地改进和大胆地创新，做最有信仰的教育工作者，做最值得尊敬的用心教育人。我们用心做教育，不是一阵子，而是一辈子。

“用心做教育，用一流师资，全心全意对待学生，让教育更美好，让家庭更幸福”，这就是我们用心和用心人永恒不变的信仰！

用心做父亲　孩子乐成长

周海冬

世界上几乎所有的职业，在上岗之前都要接受培训，并取得上岗证。但在我们国家，有一项工作是如此的重要，却往往未经培训就上岗，这就是做父母。在成为“父母”之前，绝大多数人都没有经过角色培训，很多人都是在潜移默化中传承了上一辈人的做法。于是很多的家庭教育的资讯就开始汇集，特别是父亲在家庭教育中的作用和对父亲的要求方面的资讯就更加突出，但是很多方面的要求父亲们都做不到或者是根本不想去那么做。

以下分享几点我作为父亲这个角色“三个一工程”的经历，希望能够与大家产生共鸣。

一、每周做一次亲子阅读

亲子阅读的好处我就不在此赘述，相信很多家长都十分清楚，但是如果要求父亲们每天陪孩子进行亲子阅读，我想绝大部分父亲们是做不到的，但是我们每周进行一次亲子阅读是父亲应该也是必须做到的，阅读时间可以为 30～60 分钟。

父亲陪孩子进行亲子阅读对孩子成长的帮助是不言而喻的，不仅可以增进亲子关系，而且对孩子的阳光、自信都非常有帮助。如果父亲用富有感情的声音将美好的文字与孩子一起分享，孩子一定能感受到语言的魅力，同时孩子也会学习父亲，在语言表达、交流等方面更加自信。

二、每月做一次亲子运动

加强运动对孩子的成长是非常有帮助的，亲子运动对孩子成长的帮助就更大。运动本身对孩子的身体成长就非常有帮助，亲子运动首先在增加孩子与父亲的情感交流上有很大的帮助，另外在运动的过程中，孩子难免会遇到困难，甚至想放弃，这个时候，在父亲的鼓励下共同去达成一个目标就显得尤为重要，当孩子在鼓励下通过自己的努力达到目标时，对孩子的自信心和克服困难的意志力的培养是非常有帮助的。很多时候，家长们都在抱怨孩子有畏难情绪，不管是学习上还是生活上，遇到一些困难就选择逃避，这是没有对孩子进行自信心和意志力培养而造成的。亲子运动是对孩子自信心和意志力培养的一种最好的方式。

三、每年做一次亲子旅行

“读万卷书、行万里路”，这个观点相信大家都知道，也都理解，但是怎样带孩子去“行万里路”，去进行旅行，我想每个人的答案都是不一样的。

一般我的建议是利用暑假的时间，安排 5 天左右的行程，线路建议先省内再到省外，首先要让孩子了解和喜欢自己的家乡，所以

用心札记

建议首先是到省内的特色地方去看看，在去之前作为父亲一定要做好功课，要对当地的人文特点有所了解，还有增加一些励志故事等，在带孩子旅行的时候和孩子一起分享，一定要让孩子通过这些人文特点和励志故事有所收获。在孩子熟悉和喜欢家乡后再带孩子到省外的区域去旅行，这样的安排个人觉得非常有意义。

祝福孩子的爸爸们用心做父亲，孩子乐成长！

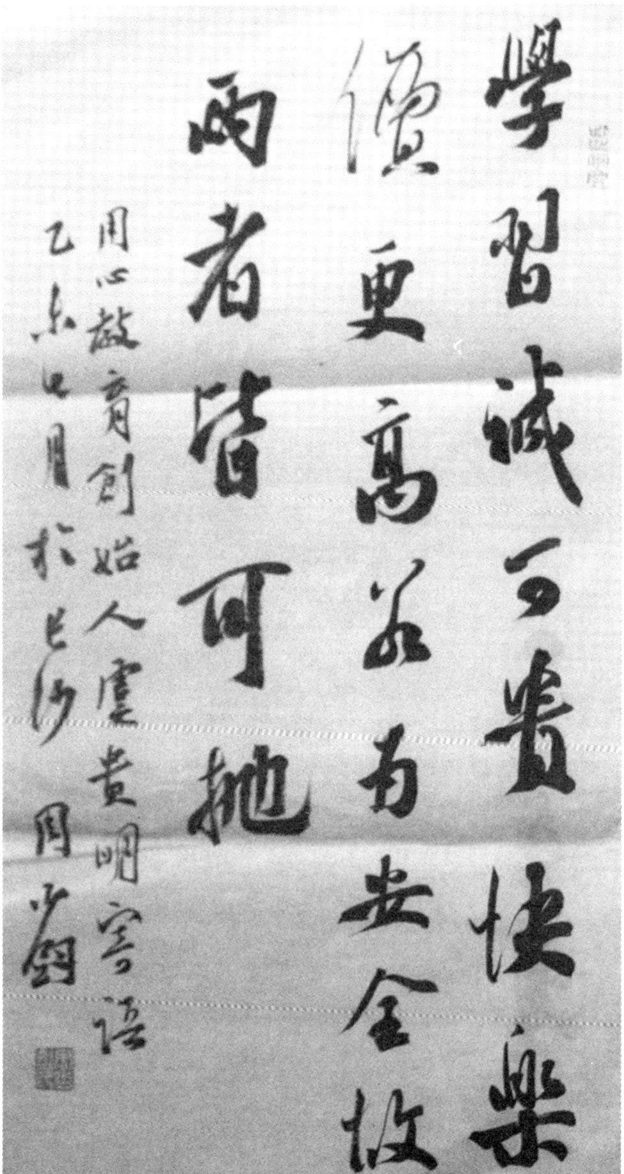

用心书法　周少剑　于长沙

用心让人生更美好

周黎

有一个问题时常在我的脑海萦绕，我们努力学习，读完大学读研究生，在社会中不断学习提高自己；我们拼命工作，做大一家企业再经营另一家；我们疯狂消费，享受着自己创造价值的快感和满足。我们如此种种，抛开所有的细枝末节，回到生命本初的状态，我们这样，到底是为了什么？

当我面临人生职业和事业的选择时，我就更加陷入了这样的思考。在我读研期间我与用心教育结缘，当我毕业之时用心虞总邀我加入用心，我当时从未做过不做新闻要做教育的思考。虞总说，你不急着马上回复我，你先仔细考虑一下。于是我收拾行囊回到老家，故乡和家是最能让人回到本真状态的地方。整整一个星期我都在思考着，我把自己的日记翻出来，从初中到高中，从高中到大学，从大学到研究生，我从没那么仔细读过自己的日记。我更加肯定，我从少年时代开始就一直对自己有一人生定位，即希望此生能做一份有意义有价值之事，不负父母养育之恩，不负师者深切厚望，不负自己五彩年华。如果人生用完成一幅画卷来形容，我不想只做豪华画卷的修补和涂色工作，我宁愿选择一张白纸，自己执画笔与志同道合之人一起画就。等人生落幕之时，画卷呈现，至少不会淹没在虽然华丽但却没留下自己痕迹的任何画作当中，至少那幅我画就的也许谈不上精美的画卷却能看出自己奋斗的痕迹、青春的色彩、情感的价值、人生的意义。我发现自己在报社工作期间，总会情不自禁想到那些我教的学生，他们的一个电话都能让我开心好久，我也总会飞速写完稿子跑去给他们上课。其实，我早已爱上了教育。

于是，我毅然加入了用心教育，成为了一名用心人。我们秉持着“我们用心做教育，不是做一阵子，而是做一辈子”的强大信念，不管行业环境如何恶劣，我们也要将用心教育做成负责任的教育事业，有信仰的教育工作者，值得尊敬的教育品牌。我们要用最用心的关注和爱去滋养和强大我们的学生。七年来用心不断强大和发展，好评和口碑让用心欣欣向荣，我也在这个美好的平台上不断汲取营养，不断发展自己。我越来越坚信，只要用心去做任何一件事情，都会拥有着美好的结局。目前用心教育培训学校有 10 个校区，100 多个老师，为 36000 多名学生提供过教学辅导。我这个校长是特殊时期的特殊产物，用心要发展，我需要更加强大，我经常在思考自己的进步要如何超越用心的发展步伐，自己的发展要如何更加有利于用心教育的突破。在面临着工作和生活新的阶段，我不会畏惧，因为我始终相信，不忘初心，方得始终；因为我始终相信只要用心，就能创造美好和奇迹。

我一直以为所谓的成功就是拥有一份伟大的事业。但是我的学生们让我重新定义了所谓的事业成功，他们让我明白了原来我们还有除了事业以外需要更加用心的事情。

用心札记

我的初二学生小川离家出走了，母亲连夜从英国公司赶回，父亲放下手上500万的生意谈判去找他。最后在同学家其乐融融的饭桌上找到了啃着鸡腿吃得很欢的小川，他死活不肯回家。父亲发怒，扬起手要打他，小川终于吼出了积压很久的心声，回什么家，那个家总是只有我一个人和你们留下来每个星期一千块的零花钱。

我问我的高二学生小圳的学习情况，只要小圳爸爸一插嘴小圳就露出烦躁的表情。后来我了解到小圳爸爸是银行行长，几乎没陪过孩子，小圳也几乎不跟父亲讲自己的事情，久而久之，父子俩如陌生人一般。小圳爸爸无奈地说，我管那么多人，但唯独管不了自己的儿子，我能做好那么多人的思想工作，却唯独走不进我儿子的内心。

还有一个我忘记了姓名的家长，他在中考前2个月带着所有学科都是D或E的孩子来到用心，对我说，只要你能让我孩子这次中考全部打A，要我出多少钱都行。我笑着告诉了那位家长，不是所有的东西都能用钱买到，比如孩子的成长，它就像一朵花的盛开，它有着自己的花期和孕育的过程，需要我们细心的呵护，用心的陪伴，全程的参与，你才能见到花开，闻到花香、赏到花魂。否则你只会错过花开、延误花开甚至是摧残花开。

事业成功但没有培养好孩子，算不上成功；事业做大却错过了孩子成长，只能追悔莫及；事业辉煌而孩子不能传承，着实可悲可叹。

我认识那么一位用心的家长，也是成功人士，事业做得非常大，但是在我的眼里他有着更加成功的地方，那就是他每周六周日从不出去应酬，都在家陪孩子。圈里人也都接受了他这个不成文的规矩，周六周日从不找他。这非但没有影响他的事业发展，反而赢得了更多的钦佩。我想这样的他才算得上是真正的最大的成功吧。

所以我们的人生，不仅要用心经营我们的事业，实现我们人生的价值；更要用心培养好我们的孩子，让我们的价值和生命得以延续和传承；只有这样，用心才能让人生真正的美好！

用心札记

阅读是最浪漫的教养

简志勇

我是很偶然地看到《阅读是最浪漫的教养》的台版书的，只是看到书名就已经对他动心了，接下来看目录，看着目录中爸爸带着女儿们读的那一部部书，看的一部部电影，我就已经差不多要爱上这位父亲了。

让那些我们曾经经历过的或好或坏的体会都能成为滋养我们的智慧，我觉得对于任何一位为人父母者来说，也是很有必要的。为人父母是人生一堂最难的课程，这堂课你只要上了，就绝没有退学的可能。能做的，只是尽量做好。为人父母可以不用学那么多的专业育儿知识，但有一点是一定要学的，那就是学着做一个好大人，只有你是一个好大人了，你的小孩才会成为一个好小孩。

人生是一个不断学习的过程，给你一个为人父母的机会也只是给你一个不同的视角看待世界看待自己而已。像这本书的作者李伟文，他就很老实地说他从女儿身上学到了很多。

阅读是最浪漫的教养

教养方式有很多种，但我肯定的是，阅读确实会是其中最浪漫的那一种。我们如果没有可能用脚去丈量千山万水，那就用电影用书来走进世界。我很喜欢书中的一句话：举世滔滔中，阅读是使我们得以身心安顿之所在。

我欣赏这位父亲，他早早知道为自己的女儿们搭建一方天地，无论世道如何，好或坏，起码都可以回到书的世界，而书是最不会辜负人的。

生活才是最重要的人生课题，有尊严、有独立的思考和判断力、有勇气有气度地生活，远比考个好大学要重要的多。

被生活的车轮碾轧的大人们，我们是不是到时候想一想怎样成为一个好大人，继而在这个让人绝望得连空气都是毒气的世界中让我们的孩子们最大限度地快乐一些呢?

如果你已经开始思考这个问题，那就赶紧行动起来，跟孩子一起读书，帮助孩子养成阅读的习惯，他自会找到自己的出路。

最后，把这句话贴在这里：把孩子指引到阅读的门前，便把这个世界上最庞大的财富指给了他。

少限制才能成就孩子的自我管理

李毅

不打不成器，是中国的一句成语，比喻不教育就不成材，没出息。可不是要你真的用打来教育孩子。很多家长教育孩子都是相信把孩子打怕了，孩子就不敢惹事就顺心了。有的家长担心给孩子太多自由，会养成他不听话、不守规则的坏毛病。其实，这个担心没有必要。令人惊讶的是，事实上，只有家长平时尽量少而有技巧地限制孩子，孩子的自我管理能力才能得到行之有效的锻炼和发展。

一、让孩子从“被管者”变成“管理者”

我有一位对教育孩子非常在行的朋友曾经讲过她的一件事：她的孩子大约五岁，非常调皮也很爱动，最麻烦的事情就是吃饭。要他坐下来安静地把饭吃完真的是件很困难的事，吃着吃着要不就跑去玩玩具了，要不就是不停地和大人说话，让孩子吃饭简直成了全家人一起动员的大事。换做一般的家长这时可能会给孩子定一系列的规矩，比如吃饭不能动不能说话等等。这样一来孩子在父母的威逼下可能会静下来吃饭，可真的能从根源上解决问题吗？当然不可能，久而久之孩子就会认为吃饭是件很受罪的事情，孩子丧失了吃饭的乐趣。我的这位朋友没有这么做，她没有给她的孩子定太多的规矩，只是跟他说，宝贝从现在开始你就是我们家的小监督员，专门负责监督我们大家的吃饭情况，如果谁吃饭说话，没有坐好，或到处乱跑你就可以行使你最高的特权来惩罚大家并能够得一份你最想要的奖励。但你自己如果没做好，大家就不会听你的了，你没能管理监督好大家，那就得惩罚你减少看动画片的时间。慢慢地孩子从自己扮演的这个管理者角色中不断地获得了许多成就感，后来便也乐此不疲了。我这个朋友的一个小计谋就让他的孩子开始努力地去进行自我管理，并且还知道了以身作则。表面看来，不过是一句话、一个方法的改变。背后却是教育思路的完全更改——家长由监督者和控制者角色中退出，把信任还给孩子，让孩子获得自我管理的权力。而这种权力的下放，必然会唤起孩子内心的自尊感和责任感——它告诉孩子，你不必是家长的“臣民”，你是自己的主人。

二、给孩子自己选择的空间

我有位学生的家长自己非常优秀但性格比较强势，又是望子成龙心切，家教非常地严格。他认为自己的孩子足够优秀但是孩子却一直未能达到他预期的水平。一次他把给他儿子订的学习计划和作息时间表发给我，请我看看哪里出了问题。他说儿子正在面临小升初，不好好学习，每天的时间安排得乱七八糟的。父母曾为他做过无数的计划，最后基本上都泡汤了。单看这位家长发来的计划表，确实合理。学习、阅读、运动、上网等等，内容丰富，时间精确，张弛有序。但再完美的计划都需要孩子自己来执行，让孩子成为计划的主人，如果一直以来，孩子“完美计划”都由家长所定，并在家长的督促下执行计划，那么他就不可能生长出真正的计划能力和执行力，他内心生长最多的是服从和逆反，以及无力感。

三、太多“不许”，只会让孩子心生“抗体”

相信大家在很多教育文章里都看到过在孩子面前不要老是说“不许”，但大家在现实生活中却还是忍不住要对孩子说这不许那不许，因为要在孩子的每个行为上都进行引导是件非常需要耐心和耗费时间的事情，所以大家都还是会采用“不许”这个比较偷懒的方式。而我们也能发现，凡不听话的孩子，多是因为他平时听了太多的“不许”，他反而变得越发的叛逆，最可悲的变成了失去自己探索及主动思考的能力。

还是上面提到的那位家长，平时在家非常强势。孩子稍有出格的事情，就会遭来严厉的呵斥。但孩子却是越发的叛逆。不许玩游戏，就躲在被窝里玩；不许看电视，等爸妈不在家时悄悄的看，却又总是逃不过家长的法眼，所以最后总免不了一顿训斥甚至打骂。一段时间这个孩子一到家就变得紧张，在家也不愿和父母多交流，甚至开始害怕回家。后来我和那位家长沟通后建议他调整自己的教育方式，不再说不许，更多的采用言传身教的方式耐心地跟孩子解释和讲道理。后来他发现孩子喜欢玩手机，其实是因为自己每次一回家就坐在沙发上拿着手机看，孩子也会觉得看手机是大家的正常行为模式。意识到这一点后这位家长在家很少当着孩子的面玩手机，更多的时候是看书看报和孩子下棋。渐渐的孩子变得愿意阅读，再后来就开始自主阅读，甚至会和爸爸一起阅读，父子间的共同话题变得越来越多，他们之间的沟通也从无效沟通完美地转变成有效沟通。所以少些“不许”，多些对孩子的理解和包容，多些平等交流，孩子会变得越来越棒。

所以更多的时候，我们应该摒弃简单粗暴的教育方法，多点耐心多点方法，让孩子在我们的引导下自己去学会自我管理。这样孩子们才会成长，养成好的学习及生活习惯，获得独立和健全的人格。

一辈子用心做教育

虞贵明

听说过关于教育的种种言论，分析起来，不外乎宽教、严教，以及宽严相济的教育方式，也从各种媒体看到过宽教过宽带来的严重后果，有些人甚至因此走向犯罪道路。同样，也有严教过度，导致的教育悲剧，有些孩子因此丧失在严父严母的棍棒铁拳之下，活着的，或心理畸形，或危害社会，总之，一切的后果与严教的目的背道而驰。而有的时候，宽严相济也不会立竿见影，相反，孩子没有进步，父母则肝火上升。面对种种现象，我想，无论什么样的教育，万变不离其宗，总是心灵的教育。

因此，用心教育，是一切教育的基础。

何为“用心教育”?

顾名思义，就是要“用心”，即爱心、平等心、耐心。只有做到这三点，才能够谈别的。否则，任何教育都会事倍功半。

先说“爱心”。

但凡父母，总认为自己很爱孩子，然而，在孩子心目中，父母的形象却只不过是后勤总管和学习监督员。这是因为，做父母的，不善于把自己的爱传递给孩子。事实上，如果让孩子感受到爱，他才能够学会爱，而且也会从爱中吸取前进的动力。我就听过“知心姐姐”卢勤的讲座，她说：在她们兄弟姐妹成长过程中，没有多少文化的母亲对她们影响巨大。事实上，她母亲从来没有责骂过她们，总是不断地表扬。弄得她们很不好意思，人人都希望做得更好。结果，后来，她们都在不同的岗位获得不同的成功。我想，卢勤母亲的这种教育智慧，每一个人都应该学习。

再说“平等心”。

一个人是不是有民主意识在未来的日子里将会越来越重要。可是，对于一个孩子来说，家庭，是第一个感受民主或者专制的地方。可惜的是，大多数的家长，总是高高在上，不能够弯下腰来倾听孩子发自内心的独特声音。在此基础上的教育，何谈平等？我看到过这样一个故事，有一位美国成功的金融人士，和上小学的女儿约定，无论如何，不能说谎。但是，有一天，这位爸爸睡过头了，害得女儿迟到。当女儿的老师问他，为什么迟到？他说是因为女儿睡过头了。结果，在一旁的女儿愤怒地提出抗议，并且提出要处罚爸爸。没有办法，这位成功人士，只得高高的撅起屁股，接受女儿的责打。这个故事告诉我们，家长并不会永远站在真理一方。当明明知道自己错了，还死皮赖脸拒不认账，以“维护”自己的“威信”，而正确的做法是，诚实地承认错误，给孩子良好的品德熏陶。须知，有了平等心，父母和儿女才会有深入灵魂的交流，才能真正地让孩子健康成长。

最后说“耐心”。

在家庭教育中，耐心尤其重要，但也难度最高。特别是有一些

用心札记

孩子，不是那么唯唯诺诺，而是有着自己的个性，自己的想法，甚至于你要他往东，他偏要往西。这个时候，父母长辈们往往失去耐心。此时，怒吼和巴掌成了教育的唯一法宝。事实上，这么丧失理智的情况，我也有过。只是事情过后，扪心自问，为什么失去耐心？我想，至少是怒火万丈的那一刻，忘记了平等心，没有仔细观察孩子的一举一动，没有从她的只言片语中了解她内心深处的烦恼和要求。其实有的时候，也许，孩子的做法是对的。更重要的是，孩子能够表达自己的内心。这很可能是中国传统教育观念已深入骨髓：孩子要听大人的话，大人总是不会错的。然而，事实上大人一旦教错了孩子，影响更大。

因此，孩子有了自己的主见，那是非常值得庆贺的，虽然，有的时候免不了要大人引导，但最主要的，要孩子敢想敢做。所以，耐心和平等心是紧密相联，缺一不可的，因为，只有时刻注意倾听，时刻注意沟通，才能够真正地了解孩子，也才能够真正地保持耐心。

平心而论，教育是一个大工程，不是简单的三言两语就可以说得清的。但无论如何，用心教育是不会错的。我相信，只要孩子能够在爱的雨露中健康成长，只要孩子能够感受到平等的空气无所不在，那么，不论对孩子，对家人，对教育孩子付出了心血的大人们，都能够在教育中受益。说起来，教育教育，首先应该被教育的，反而是父母长辈。

用心是一种习惯，用心更是一种责任，我们始终坚持以教育家的心态做教育，我们用心做教育不是做一阵子，而是要做一辈子。

读书心得

叶鑫

早几年收藏家马未都在央视讲坛上说李白《静夜思》中“床前明月光”的“床”不是马扎，他认为入睡在床上岂能低头或抬头，此话一出认同者众。巴蜀鬼才魏明伦则向媒体回应：李白《静夜思》这首千古传诵的诗句中的“床”确为井栏，而且“井”这一民俗意像是全诗的核心意像。从考古发现来看，中国最早的水井是木构的水井。古代井栏有数米高，成方框形围住井口，防止跌入井内，这个方框既像回堵墙，又像古代的床。以上的说法看上去认真又严谨，只是在古代，床既可为马扎，也可为睡具，也还可以为井栏，现在却抛开对整诗的语境考察，离开诗本身谈诗的某句某词，真是只见树木不见森林也，让人感觉不是刻意标新立异，就是不负责任误导他人。

那到底怎样呢？仔细读读原诗吧！

“床前明月光，疑似地上霜，举头望明月，低头思故乡。”

用心札记

支持床说的通常翻译应该是：月光洒在马扎（井栏）边，好如霜一般，我抬头望着这明月，低头啊想念我那故乡。

亲爱的朋友们请看李白诗的题目，是静夜啊，无论是城市的客栈还是居家的主卧，我们都应该想到，这个夜很深了，四周没有灯火没有亮光没有喧哗周围寂静无声，这才算得为静夜，突出静夜，我们体验中就会消掉动感，所有这个时候，诗人是在休息，休息和睡觉为何能抬头低头呢？告知真相的就是第二句，第二句通常在翻译的时候是月光被怀疑了一下好像是地上的霜，想一下，如果李白一直坐在马扎上或站在井栏边，他还说怀疑地上的月光是霜？那不是为文而文的多此一举？

如果真是这样，这首诗也就不能成为千古名诗。诗歌的想象美就在于此短短几句中，能构成一个意象，他表达宏达的主题，通过想象来与生活对接，让读者在阅读中产生共鸣进而完成自身的审美体验，让读者在阅读中根据诗中的实际来触诗中的景而生大家共有的情，这就是所谓的言大家能言而所未言。

如果把这首诗的意境路径找到了，就可操作可还原。

一，人生无常、无奈、去日无多，无论多辉煌，无论多顺畅，越过千山万水说过千言万语，经过一路行一程，历经风霜，成功也好，迷惘也罢，或是平淡，在人的内心深处，特别是在午夜醒来，只有一个人的时候，总是要蒙生感慨，因为这个时候才是自己，李白，行万里路，读万卷书，通过漫游来完善自己，影响他人，经历比外人多，走的是一条不寻常路，感慨自然也就多，甚至还可以这样推想，在醒之前做梦了，梦到欢乐了呢？梦到伤感了呢？梦到别离了呢……

二，前段时间都是阴雨连绵，今天仍是阴天，已经连续多天半夜醒来，黑漆漆的，只有孤枕相伴，今夜醒来突然看到月光，一下反应不过来，明明晚上有风，有乌云，况且在灯下读书很迟，睡前出门上厕所也没见月光，未想半夜醒来，月光从床边的窗户射进了，怎能不感觉突然，那是因为今夜云散而月出了，诗人在疑问中反应过来。

三，明月向来寄托人的相思，老百姓这样各色人等都这样，文人墨客更甚。半夜醒来感慨，借着明月寄乡思，诗人从床上起来，或走到床边，或开门走出来，望那明月，心中升起“月是故乡明”或是“万里归心对月明”抑或是“年年今夜，月华如练，长是人千里”。

四，诗人可以起床看月亮，自然就写出举头和低头的词来，再不行，诗人难道不能起床上厕所？那时候应该没有抽水马桶吧！李白应该出门到茅房，这时也可以看月亮，当然既然出门了在院子里多呆一会也是行的。诗的主题是思乡，如果只是在院子里举头、低头望明月和月光，那就太过简单和单调，必须要有铺垫，从铺垫中达到曲径通幽的目的，只有从睡觉前生活原态与生活现状到醒来后的感慨构成一个活在当下的我和与之有区别的情感中的真我或说是原生态的自我，也就是从这种明暗的对比中才构成诗歌的意象，让人阅读时才能达到有深度厚度的审美体验并与自己的情感联系。

也因如此，李白的《静夜思》才能成为思乡诗句的经典，如果是马扎说和井栏说，全诗的意境则立即将冲淡，如此就是对诗仙的大误读。

和你一起成长的时光

朱洁琳

我："熹熹，你说我们是朋友的关系呢？还是妈妈和女儿的关系呢？"

熹熹："我觉得，我们是姐姐和妹妹的关系。"

我："为什么呀？"熹熹："因为你是永远的18岁啊。"

我："我要写一些我们之间的故事哦，有什么可以写的吗？"

熹熹："可我们之间的故事太多了，所以不知道写哪一件了。"

熹熹是我八岁的女儿，现在是一名三年级的小学生，当我静下来想写一点我们之间的故事或者教育心得时，却好像有万语千言又吐不出来。从她出生到现在，我觉得自己花在她身上的时间、精力都太有限了，仿佛一眨眼之间，她就从肚子里那个四维彩超的影像，长成了一个可爱的小姑娘，每天叽叽喳喳、活蹦乱跳。

结合自身的成长经历，我一直希望和女儿之间能建立一种比较平等的关系和氛围，希望孩子把我当成自己最信任的朋友，在择园择校的时候，没有追求名校，而是就近选择了小区里的幼儿园和学校，这样她会有更多玩伴，也方便接送。虽然有这样的理念，但在和孩子相处的过程中，还是会有很多困惑，遇到棘手的问题，比如任性、粗心、敏感等，不知道如何引导才好，尤其在女孩子的教育上，又更多了几分担心。孩子们的成长和教育，真是作为家长一辈子最重要也是最难的课题。

熹熹上学以来，时间观念一直不太强，做事情慢腾腾而且不专心，学校离家里只有不到五分钟的步行距离，每天早上还是要不断地催促。最近我想了个办法，给她买了一个电子小闹钟，每天早上通过闹钟来叫她起床，并且告诉她我不会再反复叫她了。没想到，有了这个闹钟，她的自觉性大大提高了，每天6:45分闹钟响后，她会按暂停一次，过五分钟闹钟会再响，她就会把闹钟关闭，然后自己起床穿衣服。每个周五她会关闭闹钟，周日的晚上又打开，就算换床睡觉，也会自发地把小闹钟带上。这种适应性和自觉性挺出乎我的意料，我以为也就三分钟热度，没想到坚持得还挺好。所以，采取适当的方法来帮助孩子养成良好的习惯，是非常重要的，比反复地唠叨和事无巨细地照料要好得多。

合适的时间，我也会带熹熹出去旅行，从两岁到现在，除了省内的景点，还一起去了西安、安徽、广州长隆、贵州、珠海长隆、云南大理等地方；业余时间学习了舞蹈、游泳，游泳的水平比我还要好；也经常一起看电影、逛街、聊天等，与其说是我照顾她，不如说更多地时候是她陪伴了我。

我非常喜欢一句话："真正优秀的女性，可以左手抱着宝贝，右手拿着笔，肩上扛着摄影机，脚下走遍全世界。"我一直在尝试这么做，但是我深知，我做得还非常不够，我给她的时间还太少，给她的爱也许远远不如她给我的。我会更努力，因为在陪伴她长大的时光里，我也在一起成长。

与你同行　亲子阅读

郭蓓

美国诗人惠特曼曾说："一个孩子朝前方走着，他最初看到的东西就是他一生的东西。如果他看到的是盛开的鲜花，那么鲜花就成了生命中的了。"

从胡珂闻两岁半开始，我想在孩子的幼小心中播撒书香的种子，让书伴随孩子健康快乐的成长。

第一招：听故事

胡珂闻两岁半年龄小，认不得几个字。听故事是孩子的天性。让孩子在故事中了解世界，在故事中成长。

"胡珂闻，听故事喽！"

"哦，妈妈，来了！"我在家的每天晚上，这句平淡而温暖的对话成为一天中最幸福时光的开场白。然后我手捧一本绘本故事坐在床上，胡珂闻兴冲冲、迫不及待地爬到我身边，我的下巴贴着他小小的脑袋，灯光下开始我们的亲子阅读，这已经成了我在家的必修课。而那一刻，我是如此幸福，我正和我的孩子共同经历着书藉带来的喜怒哀乐，同样的心情让我和胡珂闻贴得更近，彼此间没有隔阂，像朋友那样亲密无间无话不谈。

故事是最好的老师。不需要枯燥的说教，就能将“真善美”潜移默化中植入了孩子纯洁的世界，孩子不知不觉中将书中的道理吸纳并内化。《男孩子故事》和《三国演义》是他的“最爱”。那次讲《钉子》的故事，那个小男孩子因为爱使性子，老是对人发脾气，我在朗读的时候就把孩子发脾气造成的后果读得很深沉，语气有点伤心，胡珂闻静静地依偎在我身旁，用稚嫩的声音对我说：“妈妈，小男孩发脾气真不应该，每发一次脾气就给人一次伤害，不过最后还好，他改啦！”《煮酒论英雄》的故事，胡珂闻不厌其烦地要我讲了一遍又一遍，每每讲到曹操问刘备谁是英雄的时候，胡珂闻都会大声说：“曹操、刘备！”在听故事中，我和胡珂闻共同沉溺在故事世界里，讨厌巫婆的丑陋与狡诈，痛恨坏人的恶毒与无耻，佩服英雄的坚强与智慧，也为小猴偷东西、冒险家遇难感到义愤填膺和惋惜，更为勇敢的王子、丑小鸭的美好结局而欢欣……时喜时悲，体验着不同的人生。但无论是悲或是喜，这些真、善、美的情感都将在他幼小的心灵深处根植，伴随着他成长，影响他的一生！

第二招：演故事

故事给我们的生活平添许多乐趣。有时我们也会来演故事，当然也是边听边演。比如说《小兔子乖乖》。看着色彩鲜艳的图画我绘声绘色的给胡珂闻讲起来：兔妈妈有三个孩子，一个叫红眼睛，一个叫长耳朵，一个叫短尾巴。我边讲，胡珂闻边指着自己的眼睛、耳朵和屁股，那样子真是可爱。当我讲到“好好看家，不要给陌生人开门”有意地拖住强调，胡珂闻笑得合不拢嘴。孩子对抽象的语言较难理解而对肢体动作则较容易理解。正如著名教育学家蒙台梭利所说的：我听了，我就忘了；我看了，我就记住了；我做了，我就更理解了。小兔子用自己的智慧战胜大灰狼，当每次大灰狼都会唱：“小兔乖乖，把门开开。”胡珂闻马上，左瞧瞧，右望望，然后马上唱到：“不开不开我不开，妈妈没回来，谁来也不开。”胡珂闻一边唱，一边做“不”的动作。那样子可真逗。故事讲完，兔妈妈夸奖孩子是好兔乖乖。胡珂闻问我他是不是好乖乖。我问：“小兔子，为什么是好兔乖乖?”胡珂闻说：“因为小兔子听话、聪明。哦，哦，我知道啦，听话、懂事就是乖。”呵呵，孩子从故事中懂得了“乖”。

第三招：用故事

我们不能决定生命的长度，但可以拓展它的宽度；一本让人受益的好书，就是一次生命的拓展。通过亲子阅读《三字经》，在孩子幼小的心田里播种下关心他人、懂得谦让的种子。记得去年有一次他爸爸单位的同事带着他儿子来我们家，那小孩比他小一岁，我洗干净了梨放在茶几上，他马上挑了两个大的给那个叔叔和弟弟，自己拿了个小的，他爸爸单位的同事感慨地说“胡珂闻长大了!”是的，胡珂闻真的长大了，那颗埋在他幼小心田里的种子已经发芽、长大了!

日子就这样悄然无声地在我们的身边溜走了，和孩子一起读过的书也在悄悄地增加着。书柜里的书越来越多，我惊喜地发现“亲子读书”正发挥着她独有的神奇力量。胡珂闻逐渐表现出了他较强的语言表达能力和识字能力。比如看见他爸爸脸上郁闷的表情她会说：“爸爸，你为什么垂头丧气啊?”开车时，我超车速度快了点，她会说："妈妈，你开车怎么横冲直撞的啊?"下小雨了，他会说："妈妈，小雨飘飘洒洒的呢!"

亲子阅读从故事开始，故事像丰富甜美的乳汁滋养着孩子的心灵，丰富着孩子的语言，激发着孩子的想象。让孩子在故事中明理启智，丰盈自己的心灵，给孩子的心灵涂上亮丽的色彩。

有些事现在不做，一辈子都不会做了

黎靓芸

这段时间，身边的朋友都在讨论《滚蛋吧，肿瘤君》，不管是书还是电影。

有人很喜欢电影里吴彦祖和白百合的演出，说：看完电影，仿佛身临其境着死亡带来的震撼，走出电影院便开始完成自己曾经想做却一直拖拉着没有完成的事情。

于是，出于好奇，我也好好欣赏了书和电影，许是因为职业病，我更喜欢书中那只可爱的小熊，坚强也懂得自嘲，虽然结局不如电影中那么圆满，但是死亡只是一个结果，最重要的是懂得如何享受活着的过程，我很佩服作者。

如果不是因为那一次的红灯亮起，我也不会停下来好好欣赏这座生活着的城市的那一瞬间，路边一个小超市里，老板忙里偷闲地在翻看着一本书，也许是因为书里的情节过于迷人，他甚至没有招呼到面前一位要买单的客人。

这两天正好看到朋友圈里有人在转齐邦媛先生的一段话：我希望中国的读书人，无论你读什么，能早日养成自己的兴趣，一生内心有些倚靠，日久产生沉稳的判断力。这么大的国家，这么多的人，这么复杂，环环相扣的历史，再也不要用激情决定国家及个人的命运；我还盼望年轻人能培养一个宽容、悲悯的胸怀。

想到这句话，看到这一幕，我心里就已经很满足。

一杯饮、一支笔、一本书，便是一个心满意足的下午。

这是我们用心书社的理想，也是我生命中最满足的一个场景。

每天，不论是何种身份的读者，如约定好一般，散落在书社的各个角落，捧起爱不释手的书籍，慢慢翻看。每到这个时刻，哪怕再忙，我也不忍高声说话，生怕打扰了这一份宁静，但心中总是被幸福填得满满的。

很多人都说，法国人很美，好像只要站在那里，就是一道风景。其实法国人都很爱读书，无论在哪里，你都可以见到手捧书籍的人，几乎人人都在阅读。所以，法国人把自己活成了一本书，浪漫而又温柔。

虽然，在现在的中国好像阅读量的大数据还是没有增加，但是还好，我遇到了这样一群人，热爱阅读的人，与我们一起坚持着独立书店。一座城市，如果没有了书店，那人们到哪里去相濡以沫呢？

有人问我，你的梦想都在书社里吗？

有人问我，你为书社的努力，是因为心中的狂爱吗？

有人问我，你为什么要这么坚持着书社？坚持着独立书店，是觉得自己背负着什么使命吗？

但是，我的答案好像没有那么轰轰烈烈。

用心札记

我从来不觉得这是梦想，我只觉得日子里少了与书为伴的日子，好像不那么自在而已。

我从来不觉得在坚持什么，只觉得每天都应该是要过这样的生活。

其实，我在看完电影之后，曾小心地对自己说：有些事现在不做，一辈子都不会做了！所以，怕什么，放手去做吧！

你呢?

你也准备好了吗?

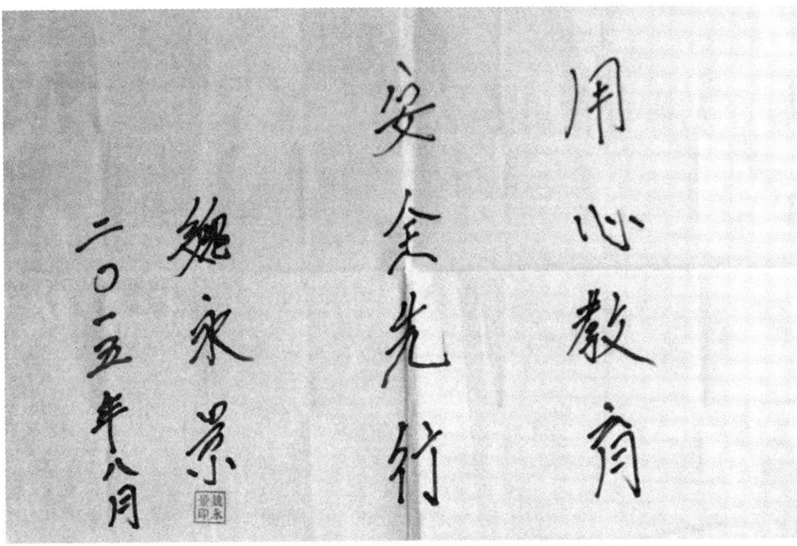

用心书法　魏永景　于二〇一五年八月

教育无痕贵在用心

田梦

“路漫漫其修远兮，吾将上下而求索。”教育孩子其实是一门很深的学问，而育子之路又是一条漫长而艰辛的学习之路。孩子的成长，离不开父母的付出，父母付出多少就会收获多少。这份付出必须是用心地付出，教育无痕贵在用心！

2013 年农历 6 月末，一个小生命在炎炎的夏日里诞生了，她就是我的宝贝女儿——果果。胖乎乎的脸蛋，弯弯的浓眉下面嵌着一对炯炯有神的大眼睛，一眨一眨的瞅个不停，俏皮的小鼻子细巧而挺秀，一对菩萨耳朵在静静地聆听爸爸妈妈的声音，端正的小嘴轮廓分明，柔唇微启，这一幕仿佛就在昨天。随着时间的推移，我的宝宝一天天长大，回想着这一路走来的点点滴滴，有泪水、有欢笑，仅“知足”二字可表达我此时此刻的心情。

宝贝女儿刚过两岁，我就发觉，在认知、接受事物等方面，较之两岁之前大不相同了，表现在：不听父母的叫唤，有时还耍小脾气，不理睬大人。我之前听说过，孩子到了两岁之后会有一个这样的叛逆期，于是，我在宝贝一岁半开始，就开始查询相关资料，防患于未然。其实，每个宝宝都是独立的个体，就算书上教育孩子的方法写得再好，也不能效仿。自己的孩子都有她自己的个性特点，所以就得用自己的方法去教育。宝贝半岁后，除了上班时间，宝贝由爷爷奶奶带之外，其余时间就是我自己带。在我身边，她表现得很乖巧听话。在爷爷奶奶和爸爸面前，她的胆子就比较大了，想要什么基本不来找我，直接绕过我去找爷爷奶奶了。若是我执意不给她，她就会哭着找她爸爸，用小手指着我，说："妈妈……"我性子比较急，但我知道，孩子是天真无邪的，只有耐心细心地教导，才会有效，所以当宝贝哭闹不听话的时候，我会带着她去看巧虎或是阿伯林的有关书籍，找到其中相对应的事例，告诉宝宝，这样的做法是不对的，小朋友应该像巧虎和阿伯林一样，做一个好孩子。刚开始，宝贝，不是很乐于接受，但通过这种角色转换的方式，宝贝渐渐地听从我了，并且在家中有时候还会扮演着小大人的角色告诉他爸爸某些行为是不对的。

孩子，是敏感的，时刻都在模仿着大人的一言一行，作为父母，必须要做宝贝的表率，将健康、乐观、积极、向上的一面传授给孩子，耐心倾听宝贝的声音，无论何时何地都让我们的孩子能够拥有一颗健康的心，所以父母的用心教育才是最好的教育。

让初中生多“说”数学

徐灵芝

“听、说、读、写”是学生在学习过程中需要用到的能力，学生在学习活动中，要将自己对新知识的理解、问题解决方法的分析等观点进行有效阐述，就需要用到“说”；“说”的能力也已经不再只局限于语文英语了，培养学生“说数学”的能力也成为了我们数学教学的重要目标。然而在现实的很多教学过程中，很多老师只注重“题海战术”以提高学生“写数学”的能力，从而忽视了学生“说数学”的能力锻炼；说数学的过程，实际就是动脑和动口有机统一，把认知感知转化为思维活动的过程。

我经常会鼓励学生们动口说，讲过一遍的知识或者解题思路，我会选择好机会让学生们再次复述或讲解，效果都还不错。以下就学生课堂上说数学现状以及如何让学生多说数学分享出我的个人观点。

能力现状：一是意识淡机会少，初中生并不喜欢表现自我，也不愿意暴露自己的缺点和错误，加上老师学生更多的都习惯沉浸在“老师讲解思路，学生练习解题”的教学模式中了，学生们就更多的被动机械解题，从而更加缺乏表达解题思路的机会；二是不会说能力差，有些学生在解题过程中，对解决问题的方法和策略虽然“心中有数”，但是如何将其清晰的分析过程以及解题依据说出来却“无从下手”；由于在解决数学问题时需要缜密的思维，清晰的条理和层次，而学生们往往对知识点的要义并未进行深刻全面的把握，所以在表达数学时常会出现“东一句，西一句”比较混乱的现象。

如何培养：一营造氛围，在课堂上多与学生进行沟通交流，帮助消除学生对于“说”的恐惧，鼓励学生“大胆说”，并在过程中给与肯定性的评价；二是强化实践，在平常的分析习题中，要求学生参与解题过程，引导学生进行思考分析解题活动，阐述解题过程中学生自己的思路，在说的过程中老师及时地帮助引领学生完整描述；三是引领指导，学生在说的过程中往往会受到多方面的影响，老师应该进行有的放矢的指导，帮助学生解决在“说”的过程中遇到的困难，使得学生的“说”更有逻辑性和条理性；四是不同时期全程陪同，针对不同的授课内容进行不同的引导和帮助：重要定理和概念可以通过对关键字的强调以及结合图形说明让学生“咬文嚼字”；解题过程可以采用提醒学生注意全面利用已知条件以及条件问题共同思考的方法指引学生说出解题策略；结论性的解题技巧可以和学生一起去发现去运用从而去归纳总结。

要让学生们多多地将数学“说”出来，老师们更要多多注意自己的课堂教学语言，不断探索，不断总结，不断地去完善自己的课堂教学语言，多从学生们的角度出发，根据不同的学生实际情况去使用不同的教学方式和语言表达方式来教育，以提高我们的教学水平，更让我们的学生能收获更多。

吾以吾手释吾心

李芸

如果说人生是一场修行，那么我想，最初的修行便是修心。如果有人问我，有没有一处净土可以沉淀漂浮的心灵，有没有一片天空可以承载青春的梦想，有没有一个家园可以容纳多样的面庞，那么，用心可以解答你心中的疑惑。

一位德国的哲学家雅思贝尔斯说过，“教育就是，一棵树摇动另一颗树，一朵云推动另一朵云，一个灵魂唤醒另一个灵魂”。那么我想说，在用心的这段时光恰恰是我们相互唤醒，相互推动的最美时光，也是我一生中的宝贵财富。对于课外辅导，尤其是一对一，针对性，专业性是我们不变的原则，特别是按照学生的个性特点设计教学内容，让学生在轻松愉快的氛围中学习，培养学生对未来生活的热情，对伟大梦想的向往，点燃学生内心向往智慧的火焰，因为作为老师，不仅要把学术知识灌输给学生，更要激发学生对生命的热爱，对知识的热爱，引导他们自动自觉地去追寻知识。从而帮助学生确立梦想，实现梦想，找寻人生的意义。在用心，只要认真备好课，就可以成为学生喜欢的老师。从与学生初见面的试卷分析，找到学生的问题，构建完整的知识体系，到拾遗补漏，针对性地辅导，错题整合，扫除存在的漏洞，考点讲解，明确考核的标准，再到心理辅导，增强学生的信心，每一个环节都非常重要。有一个学生，在中考前一个月开始辅导，成绩总是在 B 到 A 间徘徊，而且每次考前总是很紧张，很担心，担心自己考不好，因此，对于她的辅导，精神上的鼓励与支持多于知识点的讲解，宁愿少讲几道题，也要帮她减轻考试压力，所以一直都是不断地肯定她，鼓励她，终于在一次模拟考试中，她拿到了初三以来英语的第一个 A，因此像这种不太自信且成绩不是太差的学生，他们更多需要的是我们肯定的眼神和支持的力量。

泥泞路上的脚印最深刻，风雨之后的彩虹最美丽，学习不是一项任务，而是一种生活状态，在获得理想的生活状态之前，我们总要突破成长的瓶颈，作为老师，则更要坚持学习，加强对知识的精湛讲解，对考点的精准把握，对学生的精细关注，争取用最明了的方式开启学生的兴趣和智慧，我相信用心是一个可以改变人、塑造人的地方，相信用心可以让学生收获成长，取得进步。

携一生之时，纳百川之势

乐秀华

海纳百川，有容乃大；壁立千仞，无欲则刚。此联为清末政治家林则徐任两广总督时在总督府衙题书的堂联。这位名震中外的民族将士，以他的大度和无欲，为我们中华儿女留下来了可歌可泣的爱国篇章。

战争年代，爱国的热情和为国家抛头颅、撒热血的奉献精神，是我们国家存亡的关键。而在和平年度，教育兴国，教育兴邦则是让我们中华儿女放宽视野，振兴民族，为国家发展添砖加瓦的根基。作为教育工作者，从投身到教育事业的那一刻起，我便感受到了作为教师的光荣和使命。用心的这片热土，让我的教育梦想生根发芽，茁壮成长。在用心越久，越感觉学生们的真善美，而这份真善美值得我为之倾尽一生。

用心学员是美的。他们的美，体现在青春的脸庞和活力四射的洒脱上；他们的美，浸泡在对老师无尽的感恩和爱戴中；他们的美，飘散在用心学习的点点滴滴中。这种美，让人沉醉，让人豁然开朗。这种美，是他们在用心所独有的。让每个学员快乐学习，收获进步，是我们用心教育的目标。远离了纷繁的压力，抛开了世俗的偏见，在用心，他们是全新的自己。不管他们的昨天是多么的放荡不羁，不服管束，但是在用心，老师以全新的目光发现他们的美，发现他们金子般的心，他们便释然了，也敞开了心扉。

用心的学员是幸福的。他们拥有同龄人都有的烦恼，有生活中常见的烦心事，有成长过程中潜移默化的内外变化——而进入用心，他们是幸福的。他们收获到了知心姐姐般来自用心老师们无微不至的关爱；专业细心的心理辅导让他们敞开心扉，以更正确的姿态，面对这些不可避免的烦恼；课间与老师益智游戏的互动，更是让他们跳脱出电子产品的侵害，走向更加健康成长的道路。

用心的学员是优秀的。他们拥有良好的家庭条件，有着全身心投入孩子教育的家长，有着积极向上的学习心态，让他们相较于同阶段的孩子更加优秀。投入到用心，我们用无限包容的心态，全面接纳每个学员，在学习上、生活上、心理上给他们以全面的指导，不仅培养他们的良好学习习惯，更重要的是在他们健康心态和品格上给予润物细无声般的影响，他们将变得更加优秀。

每个学员都是优秀的，每个学员都有自己的特色，每个学员都有自己的不足。作为用心的老师，同样也是为人父母，家长的心我们懂，孩子的成长，我们愿意护航。海纳百川，有容乃大，无限的包容，才能铸成用心学员成长的健康之路。壁立千仞，无欲则刚，教育是一份责任，一种使命，不是什么可以用来赚钱的工具和途径。只有秉承“无欲”的态度，才能做到心无旁骛做教育，一生一心为其付出。

我用心一生，铸成长之旅一路繁花！

学做走心的父母

颜驰

从事教育工作近十年，自己也是一位孩子的母亲，平时经常与家长沟通交流，几乎所用父母都深爱着自己的孩子，然而怎么爱孩子才能感受到，怎么做孩子才肯接受，则是我们每一个家长都需要思考的问题。青春期的孩子往往会存在这样或那样的情绪问题，当孩子情绪来的时候，说教式的讲道理是没有用的，粗暴的指责甚至是争吵只会让亲子的关系更加紧张。换个角度，也许会收到意想不到的结果。

曾经不止一位家长跟我抱怨过现在跟孩子完全没有办法沟通，甚至是遇到需要跟孩子交流的事情会让老师帮忙，在用心学习的一个孩子处于青春叛逆期，只要是家长所讲的，统统都是逆着来，家长也是伤透了脑筋，不知道如何是好，买了一本关于成长的书籍想要送给孩子，都唯恐孩子埋在书堆不再理会，最后家长找到了我们，希望我们以老师的名义将这本书送给孩子。孩子与老师承诺读完之后再进行读后感的分享。

孩子告诉老师，她从书中学到了很多。这时老师再告诉孩子这本书其实是她妈妈送给她的，孩子顿时就沉默了，虽然她并没有说什么，但从她的眼神中可以看出，她已经体会到了妈妈的良苦用心。

现在快节奏的生活，让很多家长根本没有过多的时间来陪孩子，孩子大半是跟爷爷奶奶一起生活，孩子能得到饮食起居上无微不至的照顾，而心灵沟通却很少，换句话说，再尽心尽力的爷爷奶奶都不能取代父母。

有一位家长也这样问过我们，孩子现在读到初中了，一周都在学校寄宿，周末回到家作业我们也辅导不了，除了给他做顿饭还能做些什么呢？其实不然，即使不能给予孩子学习上的帮助，至少也要做到很好地陪伴。妈妈周末可以带孩子逛超市，让孩子分担一些家务，一方面让孩子体会到自己是家庭一员，能为这个家庭付出他的劳动，另一方面也培养了孩子生活自理的能力；爸爸可以带着孩子打打篮球，做做户外运动，不仅可以让孩子锻炼身体，同时也能培养孩子积极、阳光、健康的心态。遇到假期带孩子出去旅游一趟，拓宽一下视野，也能增进家庭成员之间的感情。

还有一位家长抱怨孩子语文成绩不好，经常在写作文的时候没有素材可写，但孩子又不愿意多看课外书籍。面对家长提出的问题，我多次找过语文老师交流和探讨，想办法来解决问题。后来我们得知家长平时晚饭过后有带着孩子散步的习惯，他们经常聊些在学校发生的趣事，孩子很乐于分享，家长在与孩子的沟通交流方面也做得很好，于是我们就想何不利用上这散步的时间，在孩子与家长分享趣事的同时，也让家长分享一些好的作文素材，从原来被动不看到现在从交流中去听，同样都能达到收集素材的目的，明显孩子更倾向于后者。

用心札记

如果把父母当成一种职业的话，那么它就是唯一一个不通过岗前培训就能上岗的职业。父母对孩子的爱，这是一种与生俱来的情感，然而有太多父母并没有接受岗前培训。希望所有的父母都能不断加强学习，争取早日做到一位走心的父母。作为一个孩子的母亲，仅以此文共勉。

与你相遇，是我今生的美好

刘文文

用心成立于 2008 年 12 月 26 日，而我，和用心相遇在 2009 年的 2 月！那时，刚进用心的自己只是一个才踏出社会，一个懵懂的年轻小姑娘，脾气急躁，性格叛逆，既不成熟，也不干练，时不时地惹点小麻烦，闹点小脾气。其实那时很想问问虞总，你是不是望着我有点着急？是不是有点恨铁不成钢呢？没问，也不敢问！就这么一路过来，家人们用宽广的胸襟容纳我任性的一切，教我处事，待我成长！

用心 7 年，我缺失了多年。其实不管在哪，不管任何时候，都能从心底感受着家人的关心、关爱与支持。10 年，准备离开用心的那段时间，情绪有点波动，家人们都在问：文文，这段时间怎么了？是不是有什么心事？还是遇到了什么问题呢？有什么事情可以和我们说，你知道，我们会给你最大的支持，用心一直是你坚强的后盾！此时，纠结、徘徊、犹豫过；感动、感恩不舍着，但最后的自己还是辜负了所有期望，带着满腹的遗憾离开了。临走时，虞总和周总仍对我说：文文，用心就是你的娘家，任何时候，都欢迎你回家！虽然字词不多，但给与的感动不是任何言语足以表达的！

虽然离开了用心，但用心的温暖一直陪伴着左右，最能触动心底的是：每年生日，不管是农历还是阳历都会收到来自虞总以及家人们满满的祝福，从未间断！何其幸运与用心相遇，与大家相聚！原来，离开用心这几年，多少个静静的夜晚，为何有淡淡的相思，淡淡的回味，淡淡的想念以及浓浓的期待，期待与家人一起生活在用心，为用心奋战，与用心同行。原来用心的美好已经根深蒂固，已经悄悄的雕刻成自己最重要的风景。

有人问：这么喜欢，为何缺失多年？这么珍惜，为何才回归用心？也有朋友问：为何离开用心这么久，你又义无反顾的回来呢？为何离开职场这么多年，你都不去其他公司了解看看呢？难道你不怕不如你理想的美好？难道你不知道回归比相遇更需要勇气和决心吗？为什么你总这么倔强，任何劝说都动摇不了你回用心的决定呢！怕，但能够触碰到心灵的感动与喜欢是一种微妙的感觉。所以，我坚定而执着前行！

回到用心，看着照片墙上的自己，听着家人们的“文文，欢迎回家”让我感动得难以自制。何其幸福我又回到了用心，回到了这个温暖的大家庭！用心，有太多太多带给我感动的你们，是你们用坚定给我勇气，用支持给我信心，用微笑给我力量。如果有一天，回望一生的灿烂与辉煌，是因为，有用心而深刻。所以，不管岁月如何蹉跎，也不管流年如何已逝，我坚定而执着的与你相约，与你同行！

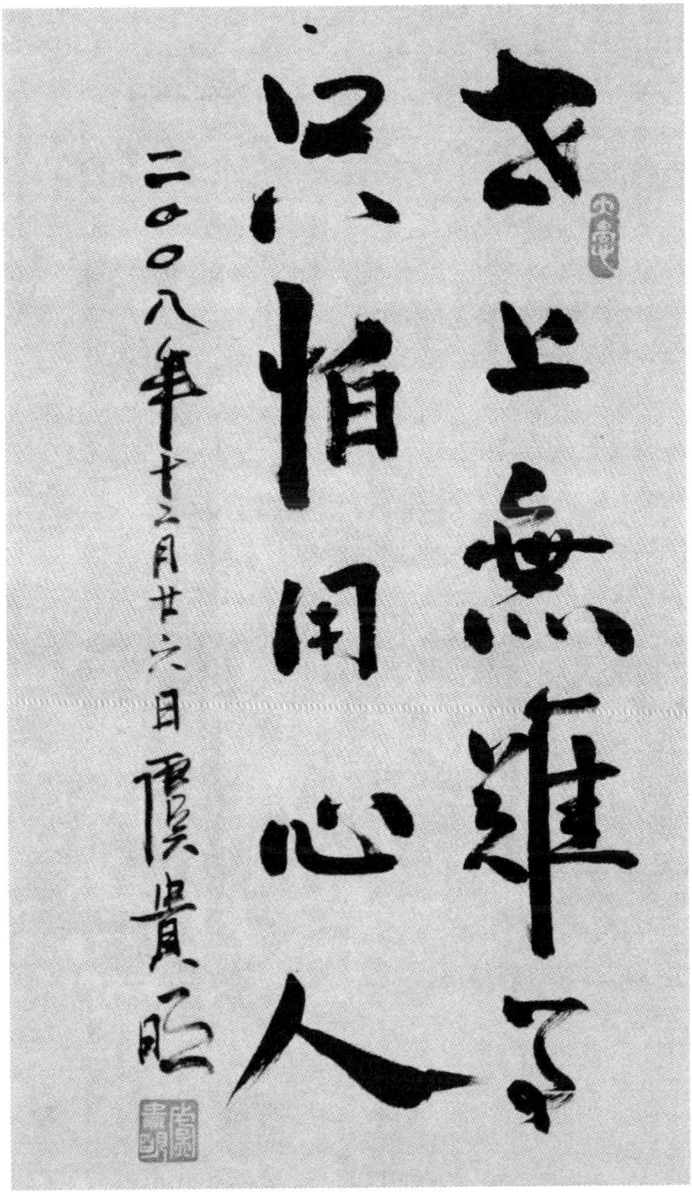

用心书法　虞贵明　于二〇〇八年十二月

用心教育，我与学生的共同成长之路

黄婧

人们说教育无小事。的确，说到教育，就会说到国家的未来，民族的希望。说到教师，就会说到人类灵魂的工程师，太阳底下最光辉的职业。这些说法都很正确，但我始终觉得不那么接地气。我认为好的教育，就是教师与学生共同成长，相互促进，一起进步！好的教师，就是能在孩子成长道路上起到引路作用的人。

我的教育之路由来已久，由于生在教育世家，从小就对教师这个行业满怀憧憬，以至于小学时在周末就会叫上小伙伴到家里来听我"讲课"。那个时候家人笑我，长大可一定要当老师哦！果然，长大之后我成为了一名老师。这样说来，我还真是梦想成真了！

来到用心，也是缘分使然。当时，对于培训学校的了解还不太多，但是通过好友的介绍，让我知道了有这样一群人，他们周末奔波在教学一线展示自己，他们平时在教研练课中充实自己。他们热爱教育，关爱学生。他们积极主动，乐观上进。就是这些，感召着我，吸引着我。终于，我也来到用心，成为了他们中的一员。

用心三年有余的时光里，与我相处最多的便是这一群群可爱的学员了。其中，留给我印象最深的是现在初一的孩子们。如今，他们已经小学毕业，升入理想的中学。我也好好静下心来，说一说我们的故事。三年的相处，我们已由最初的师生关系转化为现在的朋友关系。三年的陪伴，每一分每一秒都显得弥足珍贵。

为他欢喜为他忧心

他们是一群优秀的用心学子，在用心的日子里，表现都很棒！三年来，大大小小的考试，牵动的不仅仅是他们的心，也牵动我的心。今天，他对我说："黄老师，我这次考试第一名也，不错吧！"明天，另一个他对我说："黄老师，我这次没考好，都是因为作文没写好，扣分太多。"……诸如此类的话，这几年听了太多。他们考好了乐于与我分享，考差了逃避我关切的眼神。其实，不管他们考得好不好，我只希望他们能通过考试发现问题，通过考试正视自己，提高自己。我更关注的是他们积极乐观、敢于面对的心态，而不仅仅是成绩。

伴他成长伴他同行

学习时间陪伴他们甚少，但是学习之外的时间却是时刻在他们身边。周五放学来用心的路上，周日返校回教室的途中，我与他们并肩前行。最初他们站在我旁边时低我半个头，一周又一周，一年又一年，现在，他们中的大多数已经高出我半个头了，还不时要来和我比高。

用心的每一个课间也少不了我与他们的互动。或许是参与他们的游戏，或许是找某一位同学谈谈学习，亦或是听某一位同学向我倾诉生活中遇到的问题……不管我在做什么，都是希望他们在用心能够学习快乐，成长快乐！

新的征程用心依旧

谈到毕业我知道他们是既欣喜又伤感，欣喜于自己升入初中，伤感于与自己相处六年的老师和同学就要分别。犹记得他们在用心的毕业晚会上，玩得十分开心！同时表现得自信，大方，让老师和家长都很放心，他们真的长大了！小学毕业了，他们踏上了新的征程，他们在用心的初中之旅也已开启。

然而，我与他们的故事未完待续……

这些故事，就是真实发生在我和用心学子之间的故事。虽然它并不轰轰烈烈，但却温暖了我的心，拉近了我与他们的距离。让我对教育有了不一样的认识，教育除了课本知识的传授，还可以是心与心的触碰，还可以让老师和孩子一起进步，一起成长！

用心做人，用心做事

唐能能

俄国著名的哲学家、批判学家车尔尼雪夫斯基曾经说过："要使人成为真正有教养的人，必须具备三个品质：渊博的知识、思维的习惯和高尚的情操。知识不多就是愚昧；不习惯于思维，就是粗鲁或愚笨；没有高尚的情操，就是卑俗。"

从小在父母的耳濡目染之下成长，教会我做人要用心，读书要用心，成为一个有教养的人，一个用心对待生活的人。长大后，为了实现小时候的梦想，步入职场来到"用心教育"成为了一名老师。"用心教育"团结向上处处用心的企业文化，让我每时每刻都在提醒自己做事做人要用心。

用心做人，就是要用感恩的心去对待每一天，对待身边的同事，对待真实的自己。

作为一名职员，我们要珍惜自己的工作机会，要把工作看成是体现自己价值的平台，既然有伯乐已经发现了我们这些千里马，我们又有什么理由骈死于槽枥之间呢？工作不是为别人干，是为自己干，为了证明千里马的身份，就得拿出日行千里的能力。只有自己努力了，才能有所收获，才能不负伯乐的慧眼。

要用心地对待自己的职位，严格要求自己，经常对照检查自己的工作做得如何，勇于发现不足，敢于纠正错误，改进工作，在自己的职位上努力做好自己应该做的事情。

要充分认识到自身所负责的每一份工作任务，每一个岗位都是公司领导深思熟虑后安排的，是对我的鞭策和能力的信任，无论负责什么工作，在什么职位，都应该立足本职，用心地认真工作，以报答公司领导对自己的培养。

要注重与同事间的团结和沟通交流，始终牢记跑得再快再远的千里马如果离开了马群，在野外也会被野兽给撕碎。用用心的企业文化和精神去学会尊重和团结同志，做到为人谦虚谨慎，在工作中、生活上与同事相互帮助、相互尊重、以诚相待、共同进步，任何时候都要讲风格，顾大局，求共识。

要正确对待自己，对自己要有一个客观的、实事求是的估价，知轻重，知长短，要摆正自己的位置，立足于干好本职工作，多一点奉献，少一点报怨，赢得领导的信任和同事们的支持。

用心做事，就是要高标准履行好自己的职位职责和领导交给的工作任务。

“心之官则思 ，思则得之 ，不思则不得也。”面对每一天的工作，都要用心。

作为一位老师，要用心地去呵护每一位用心学员，授予知识。我始终认为只有具备深厚的文化功底、慈祥仁厚的爱心和高超的育人技巧的教师，才能受到学生的认可、接受、支持和喜爱。因此，不断充实自己，不断完善育人的艺术方法是我终身的追求。

作为用心教育文化传播者，要将用心的办学理念付诸行动。举手投足都应牢记自己作为用心教育文化传播者的身份，爱教育，爱学生，爱自己！

用心做人，才能用心做事。用心是一种美，一种境界。置身其中，便会忘却工作的疲惫，生活的烦恼，人生的忧愁。做人和做事，只要根植于“用心”这块土壤，绽放出的人生之花，必定是芬芳而持久的！

尊严·良知·使命·用心

虞贵明

我总认为教育是有尊严的，这种尊严是一种来自于骨髓和灵魂中不媚俗的清高。于是，带着这份清高，我们用心开始了艰辛而又幸福的旅行。

2015 年是用心教育第七个年头，从最初的一个理念，到现在的一份强烈的使命感和责任感，我总是无时无刻不提醒自己和所有用心工作者，我们的用心教育一定要做尊严教育、良心教育。

偶然回想起用心教育的发展，从第一天办学起，我和几位创始人就以用心命名，以用心自勉，以用心自律，以用心为最大追求，以用心为最高梦想。我们希望“以己之力，尽己之责，用心助人”。

凯程用心的文化里，有“博学”一词，今日，我想与大家共勉用心对此的实践。“博”，大通也。《礼记 中庸》曾曰：“博学之，审问之、慎思之、明辨之、笃行之。”博学，我觉得除了学识渊博之含义之外，也是一种处事为人的态度。

首先，这是一个开放的态度，热爱这个世界以及关于它的知识。教育本身就需要与时俱进，在与众多的教育工作者打交道时，我和用心皆在努力地学习着，我们也接受着每位“用心之人”给我们的好的建议，一位教育前辈给用心提出的要求：“用心皆细节，细节皆用心”。从那日起，我便不断鞭策自己和所有的用心工作者。

其次，是一种执着的态度，热情的，坚持不懈的。于是，“用心教育”不但用心教育学生，用心教育老师，还用心教育我们的家长。不但关注学生的学习，也关注学生的品德，还关注学生身体的健康和心理的健康。

我们创新性地提出了用心“壹”家学的概念：一个人学习，一家人幸福，一家人学习，几代人幸福！同时，博学也是一种谦虚的态度，知己不足，然好学之。

古人曰；“教育乃国家之大事，家之根本在国，不可不察；教育目标战略、方法之选择不可不慎。纵览家国兴亡衰替，皆人力之所致也，人力所致，实乃教育为其根本之功也。”

用心曰：“国之根本在家，家之根本在孩子，孩子之根本在教育，教育之根本在用心，用心之根本在父母。”用心教育，利国利家，利在当代，功在千秋。路途漫漫，用心协同，愿终有一日功德圆满！

不仅仅是教育，还是生活

高清

其实教师不是我的初衷，年少时，谁没有点不切实际的梦想，但是在与现实的权衡中，慢慢地，教书成了我一份超过三年的工作，三，是个神奇的数字，事不过三，三省吾身，三思，三生万物等，好像这个身份坚持三年，我总算有了作为老师的发言权。

人类灵魂的工程师、祖国花朵的园丁，这些太大的帽子往老师身上扣去的时候，往往让人望而生畏，我不否认一份职业需要一种信仰，这是一种正观世界的光芒，没有了信仰，世界再好，与你何干，只是，它不适合挂在嘴边，只应该记在心里，太大的精神世界也支撑不了生活的琐碎，细节打败爱情，也可以击毁内心。有人就问，那为何在抱怨、不平、压力、忙碌的时候不放弃呢，重新去追求梦想不是更好吗？梦想的形态有很多，有的很具体，有的很抽象，有的是一份职业，有的是一种生活，恰恰我想要的，是一种生活方式而不是一种形式。

想把生活过得像诗，时而激昂，时而婉约，生活有时候却如歌，有时不着调，有时不靠谱，教师的日常其实如水，看似平淡，却有着很多的暗涌起伏，在教学上难以突破的时候，需要潜入低谷之中，不断沉淀，成为一个有重量的人，成为语文老师没有多久，我觉得我和很多我自己不太喜欢的语文老师一样，成为了课堂知识点的复述者，将应试看得重要，这样的课自己上着都没有激情，更何况是学生，我觉得需要突破，需要转型，那时候其实初中语文还没有那么强调传统文化和语文素养，分值还是停留在寻常，其实并不是我多有远见，纯粹是为了课堂更具吸引力，便想着如何将语言的学习转为文化的学习，那一段时间是我学习得很努力的阶段，也是从那时开始，我觉得语文真正是一门丰富高深，难以真正触碰到真谛的文化语言学科，我是一个骄傲的人，在语文面前，却开始越来越自卑，也是到现在为止，也不敢说自己是一个文化人，因为真的吾生有涯，而知也无涯。

教育是一项长久的工作，能够给予我们的也太多，我希望这一切都慢慢来，因为生性愚钝，生怕不能及时体察，开始的三年，我懂得沉淀与谦卑，放慢了自己横行社会的脚步，静静地做一项有意义的工作，得到了生活中一种我想要的，便是不断让自己承载更多，更多的知识，更多的身份，更多的责任。我觉得一项真正自己喜欢的事业，并不是能够为之一往无前，而是在想要放弃的时候也能坚持下来，因为将它与其他你想要的事情放在天平上的时候，内心是向它倾斜的。

这些年，那些孩子带给我的爱与感动

宋利

生命并不是单独的个体，身边的人会为你的生命添上不一样的色彩。正如春天的阳光滋润万物，带给我们春暖花开的明媚一样，用心的孩子们也如那道阳光温暖了我的心。

那群孩子，有着最纯善的心灵，最灿烂的笑容，最简单的快乐，那洋溢着的青春活力深深地感染着我。

记得有一次，下午五点要开始给学生上课，来不及吃饭，等到下课送他回学校的路上，顺路买了个面包。他当时就奇怪的问：“老师，你怎么到现在还没有吃饭呀?”然后还不没来得及我回答，他又在说着，要给我上课，应该没时间吃饭的。下次上课来的时候我给你买面包吧。当时以为他开玩笑，没想到下次上课的时候，他真的带了个面包过来，至今还记得他一进门，看到我在等他。就非常自然地拿出了一个面包，让我和他一起吃完再上课。当时是冬天，还贴心地将面包加热了。其实，并不是为了那一个面包而欢喜，而是感动于学生的那份真诚。现在大人常说，现在的孩太冷漠了，不懂得体贴，不懂得感恩。其实，他们和我们一样，渴望被爱，渴望被关注。我想问，我们平时对孩子们的关心和体贴是否到位了呢？我们大人是否有责任呢？我们不应该给他们贴上任何标签。当我们沉下心来，用心去关注和体贴每个孩子，你会发现，他们一样的可爱，一样的懂得感恩。

每逢过节，收到的孩子们的短信，有节日问候的，有特别祝福的，让人感觉无比甜蜜和温暖！

现在，一批批的孩子都已经长大，有些去国外读书了，但回来的时候会给你带个小礼物。在巴黎埃菲尔铁塔那里给你带的纪念衫，虽然穿起来有点肥肥大大，但是不影响我穿着他们去炫耀一下我的娃娃们；有些孩子在长沙读高中，学习压力大，会偶尔给你打个电话倾诉一下，有些在外地读书，写写感想放在空间里，还会要你去评论评论，虽然和他们的距离比较遥远，但感觉彼此的心还是很贴近。有些还在身边的学校读书，在住宅下，在学校旁，碰到他们，依旧还是一声："宋老师"，会让美好的心情持续很久。

每年都会有不同的学生，虽然有些会毕业离开用心，但那份温情那份爱是永远都会陪伴在身边的。希望每一个孩子都能用心成长，快乐、健康幸福地成长！

做懂得欣赏孩子的父母

周丽

作为一名教育工作者，经常会听到来自家长朋友们的困惑：我孩子学习习惯不好，怎么办？我孩子总是不爱学习，爱电子产品，怎么办？我孩子总是注意力不集中，我该拿他怎么办？……父母常常很困惑于孩子的不足，孩子的缺点，并常常说教自己的孩子，你这里不行，那里不行，这里不如别人，那里也不如别人。父母困恼的同时，有想过你们是在伤害孩子吗？

人都想得到尊重，得到欣赏，小小的孩子也不例外。父母的表扬和认可，是对孩子最大的鼓励，会给孩子带来无限的快乐，会让孩子在成长路上的方向更加明确。每次孩子解决数学难题卡壳时，作为父母的你，是在旁边骂他怎么这么笨，还是鼓励他已经这么优秀，都已经想到了这么多步，就差一点点就可以找到最关键的要素了？每次孩子考试成绩出来，看到试卷上只有 60 分时，作为父母的你，是在旁边引导他分析试卷上的不足，还是指责他不如别人拿

100分的孩子？每次在孩子阅读书籍注意力不集中时，作为父母的你，是在旁边看电视，拿着电子产品，骂着孩子不好好看书，还是也在旁边陪伴孩子一起进行阅读，进行分享？这三个最典型的疑问，我相信作为父母的你，应该也知道了自己平时是怎么对待孩子的。

我们的孩子有他不足的地方，每个人也都会有他不足的地方，父母也一样。但是我们不是反复去找出孩子哪里哪里不行，而是告诉孩子哪些地方做得很好，是不是更能够让孩子懂得自己的优点是什么，从而更加积极去用优点改善自己的不足呢？父母如果可以用赏识的眼光评判自己的孩子，是不是更加给孩子带来自信呢？

学会赏识自己的孩子，最不应该说的就是“笨”字。曾经有一位家长朋友，每次孩子做数学题的时候，做不出来，家长就在旁边用自己的方式讲解，之后发现孩子还是不懂，于是就生气地说：“你怎么这么笨，这么简单的题目都不会。”后来有缘在用心相识，在用心学习，在交谈的时候提到这个事情，我们的数学老师是这么和家长说的：你这个“笨”字伤害的是孩子的心灵。你下次遇到他不懂问题的时候，先让他反复读题，然后问他自己思考到了哪一步了，如果思维方式是对的，那就及时鼓励他，同时引导他把已知条件找出来，通过引导，通过他自己的理解，你的及时鼓励，你会发现孩子是可以自己慢慢把他对题目的理解方式呈现在你的面前，这个时候你就知道孩子不理解的地方在哪里，也会让孩子知道自己为什么思考没有到位。通过一步步的引导，以及他发现新的已知条件的及时鼓励，孩子的学习兴趣会提高，也不会觉得自己不会做题就会是“笨”的表现，慢慢的，孩子的自信就会越来越高了。

高明的父母能培养出优秀的孩子，懂得欣赏孩子的父母，才能让孩子感受到自己的意义，感受到前进的动力，感受到快乐。那么，如何才能做到会欣赏自己的孩子呢？

用心札记

方式一：告诉孩子，父母对他有信心。

好的学习习惯靠培养，也靠父母的引导。父母常常告诉孩子，去自己安排好自己的学习时间，并及时对孩子安排的学习时间给出适当的建议，并为他自己做出的安排表示认可和鼓励。孩子每能坚持一段时间，就要大声告诉他，表扬他，认可他，让他知道父母一直都在关注他。

方式二：告诉孩子，任何事情你都能想到这一步了，父母都想不到，你看你多厉害，你要不再看看，肯定还能想到更多。

孩子在问题前面是最脆弱的，最需要帮助的，这个时候，父母没有时间再去说孩子有多笨，而应该在他需要你的时候即使去肯定他已经做出的这部分成绩，并为接下来的方向给点提示、引导和鼓励，这样孩子才会重新拾起自己的困惑，继续用心前行，用心思考，最后达到自己的学习目标或者生活目标。

方式三：表扬在具体事情上，批评也在具体事情上。事情已过，就不再翻旧账。

“你真棒！你真优秀！”这些表扬的词语请用在你观察到孩子在做某事时表现出优秀的地方上。比如说：孩子看到地板弄脏了，自己在不需要父母提醒的时候自己去打扫了，这个时候你的表扬应该及时传达给孩子，告诉他，你因为他自己主动打扫房间，觉得他懂事了。

“你怎么老是这么愚蠢，又把东西打翻了。”这样的批评语我们并不陌生，其实反问一句：把东西打碎，打翻，是孩子想这样的吗？事实是打翻东西后，最怕的是孩子，他怕责罚，这个时候的父母，应该先问问孩子是否受伤，再去了解打翻东西的原因，最后才做判断，然后让孩子去收拾好打翻的东西。这样孩子也就能够记住下次要小心，不要再打翻东西。

方式四：孩子有不足要接纳，并引导孩子去改善。

谁都会有缺点，谁都会有不足，关键是怎么引导。孩子犯错，父母要引导孩子去改善，引导孩子去改正错误，给他一些时间，切勿操之过急，最后伤到孩子。

方式五：给孩子温馨的家庭氛围，培养孩子目标要统一。

在培养孩子的问题上，父母要统一意见，并不要在孩子面前去评论谁的教育方式好，谁的教育方式不好。这样下去，孩子会反过来抓父母教育的漏洞，从而在培养孩子上又需要花费更多的心思。

方式六：真正懂得孩子需要怎样的兴趣培养。

学习不一定是孩子唯一的出路，关键是要发现孩子善于和擅长做什么事情，在某一件事上面让孩子找到兴趣，同样也可以展示孩子优秀的一面，从而借鉴到其他事情上去。这样才会让孩子更有自信，更愿意去有新的尝试。

简单的分享以上六点，是希望父母能和我们老师一起，去发现孩子的闪光点，让孩子找到自信，从而更阳光、更快乐！我们一起用心去鼓励孩子，用心去欣赏孩子，用心去发现孩子的美，一起尊重孩子，相信孩子，理解孩子，鼓励孩子，让孩子更出色。

父母心不可怜

虞贵明

作为一个关注教育尊重教育研究的人，这些年来我们一直在苦苦追寻着一条有利于挖掘人的潜能的道路，同时，作为一个父亲，我又深知家长为孩子规划人生的那种微妙心理。孩子一天天长大，心里说不上是单纯的乐与苦，只知道孩子再不易察觉的小动作都让我尝尽扩大数倍的紧张或者幸福。

在与家长交流的时候，诸多朋友感叹道："可怜天下父母心"。我不知道发出这种感慨的父母当时具体是什么样的心情，但是我始终想，面对一个可爱懂事的孩子，我们作为父母的又如何"可怜"呢？

从内心上来讲，我一直是一个比较"自私"的父亲，从把孩子托付给学校以来，我一直放心地"偷懒"，而且心安理得。在学校教育的熏陶下，我觉得我们家孩子从小到大都非常让人省心。一直"霸占"着老师和同学们的喜爱不说，学习成绩也算比较稳定。想起孩子，占据我心灵的永远是自豪的情绪。

因此我这么说，并非孩子本身让父母“可怜”，而是因为害怕孩子不成器才让我们自己操劳过度。苏格兰有句这样的谚语：“当一艘船没有明确方向的时候，所有吹过来的都是逆风。”所有定位在我们看来非常重要，我们不止一次提醒自己，人和人在能力上的差距不过在五分之内，但方向上的不同抉择却拉开了人们之间的距离。很多人相信，如果人生能重来一次，那么每个人都是天才。“世界上最大的错误，莫过于方向上的错误。”如何让孩子做好人生的定位？漫漫人生路，少时不易疏忽。

我们遇上了这样一个时代，充满激情与梦想，也不乏荆棘和挑战。IT、纳米技术、生物科学、克隆技术让我们应接不暇，知识经济的现状，科教兴国的路线，无不要求具备高素质才能的下一代。神州大地已是硝烟滚滚，贸易战争、货币战争、文化战争已不是危言耸听的谣言。让孩子做出人生定位不要觉得还为时过早，著名的意大利教育家玛利亚蒙台梭利经过长时间对儿童的观察与研究，曾做出如下论断：儿童具有吸收性心智，是形成健康的独立意识的关键期。

我们的很多爸爸妈妈想用自己的双手一辈子挡下孩子的风雨，想用双肩挑下所有的重担，想给予自己所能给予的一切；这是出于天性的伟大。可是在成长的过程中，温室开出的不一定是最美的花朵，成功始于自己，成于自己。要想排出人生的障碍，关键靠自己。谚语说得好：“上苍只拯救能够自救的人。”成功属于愿意成功的人。成功也是靠自己明确的方向和目的指引的结果。只有靠自己成功的人，才有资格谈人生的真谛；只有靠自己成功的人，才能跳出苦难人生；只有靠自己成功的人，才能讲出人生的理性。从很小开始，我就告诉孩子，读书是他自己的事情，是他自己对自己负责，明确他的学习目的，培养他的责任心。

适当的赏识和奖励，每次孩子的表现有亮点时，我就奖励学习用品、书柜等奖品给他，或者是爸爸下厨给他做一顿饭菜（在这点上我很惭愧，下厨很少，不算是个称职的爸爸和丈夫），总之每次都是答应我们能做到的，而且只要是我们答应的就一定要兑现。

再有，良好的学习习惯也是最重要的，人生最重要的时期其实就是在 12 岁之前，良好的生活和习惯，就决定了孩子的将来。习惯的培养是我对孩子最主要的培养方面，孩子每天早晨起来都会自觉在阳台上大声朗读英语课文 10 分钟以上；每天都会摘抄好词好句 3 整页，其实就是间接养成了他阅读的习惯；每天练字一页；每周背诵论文 3 段；每周末回家做自己该做的家务；每月定期给外公外婆爷爷奶奶打电话等等。对于孩子的考试，说实话我一般不是怎么担心，平时我跟他说把每一次的家庭作业当成考试，消除他对考试的紧张感，然后把考试当成家庭作业，轻松对待，只不过比平时更仔细一点，多检查一两遍就好了。

所有与其给予孩子物质上的满足，不如“强其筋骨”，不如“先利其器”。与其给予食物，不如给一把斧子。在当今的时代，基本的财务意识和感恩的心态还是要着力培养的，我会经常跟孩子讨论家庭、国家、世界的经济形势状态，告诉他到目前为止读书、生活每月要用多少钱，但现在一共用了父母多少钱，告诉他父母的辛劳和希望，告诉他每个人应有的感恩和孝顺等等。

我一直都在祝愿天下所有的父母都不再“可怜”，可是真正为孩子找到适合成长的栖息地，我认为作为家长，要善于抓住孩子的心理。世界上没有天生对学习不感兴趣的孩子，只有不会激发，不会培养学生学习兴趣的老师和家长。

在这里我也想强调一下家庭教育的重要性。所谓家长才是学生的第一位老师和永远的老师，家长首先要做到有所为有所不为，家长的一举一动，一言一行都在潜移默化中对孩子起着榜样示范作用。在这里我愿意与大家分享我的一点经验，我主张榜样作用外，还应为孩子创造一个积极的氛围，善于倾听重视沟通，积极培育孩子兴趣又不急功近利揠苗助长。

最后我也很愿意跟各位家长朋友们分享我更多的心得，也愿我们在共同的交流下孩子可以更快乐更健康地成长和成才，愿天下父母心皆不可怜，愿天下父母都因自己孩子的成长而更加自豪!

做个快乐的教书匠

龙呈

从业近五年，从初出茅庐的菜鸟，到现在羽翼逐渐丰满，有时候就在想，我做的到底是什么？刚进公司有这么一句话："我们用心做教育，不是做一阵子，而是做一辈子！"让一个人做一辈子的教育显然不现实，但是抱着这种做一辈子的教育事业的心态去用心做教育，快乐去育人，我想，这一辈子也是功德无量，快乐无限。用近五年的时间，我终于知道自己做的是什么，答案就是：做一个快乐的教书匠，用心育人，用心爱孩子、帮助孩子。

古人云："一年之计，莫如树谷；十年之计，莫如树林；终身之计，莫如树人。"塑造灵魂这一神圣的使命是金钱所无法衡量的，教师——这个阳光底下最光辉的职业。虽然我们很清贫，但是我们也是最富有的，因为，我们是春天播撒种子的人，我们心中有着秋收的期盼；我们也是清晨的一缕阳光，我们有着勇往无惧的精神，是任何乌云也挡不住的；我们还是夜空中的启明星，我们有着奔向光明的执着。我们是可能性的寻求者，只要敢于大胆创新，我们会在不可能的地方找到无限的可能，这就是教育的奇幻之处。

每一天，我们都要开始新的生活；

每一天，我们都要有崭新的希望；

每一天，我们都一直在实现教育梦想的路上；

每一天，看似平淡无味，润物细无声。

“师者，传其道授其业解其惑矣！”教师就是从上好每一节课，引导孩子解决一个又一个疑问和难题，时时处处给学生启蒙。水至柔至弱，滴水能穿石。老师就是从一次谈话，一个眼神，一个微笑中，点点滴滴教学生为人治学，授人与鱼不如授人以渔。

原苏联教育家赞科夫认为：当教师必不可少的，甚至几乎是最主要的品质就是热爱学生。热爱学生，必须了解学生，尊重学生，时刻把学生放在心上，体察学生的内心世界，关注他们在学习、生活等方面的健康发展，同情学生的痛苦与不幸，与学生建立起和谐、友爱的师生关系。而在教育领域，爱学生的最大体现不是在于和学生的关系如何好，而是能够以宽容的姿态去允许孩子犯任何错误。不管是好孩子，还是所谓的“坏孩子”，大方地接受孩子所犯下的大大小小的错误，“人非圣贤，孰能无过；过而改之，善莫大焉！”有针对性地引导孩子敢于在犯错后改正，这样不是更好吗？不能因为孩子的过错而放弃孩子。为人师者，放弃了一个学生，可能会减少你的工作压力，可能会提高你的教育质量，可能会给你赢得荣誉，但你放弃的却是一个孩子的美好前程，放弃的是一个家庭的希望，留给自己的也将是一个永远的遗憾！不论现在或是将来，我们都有为人父母的一天，如果换做你的孩子由于某些原因受到老师不公平的对待或是被老师放弃了，你又做何感想呢？

宽容体现一个人的修养和气度。我们常说世界上最宽阔的是海洋，比海洋更宽广的是天空，而比天空更宽广的是人的胸怀。可我们有时候，又为什么容不下一小点沙粒和微尘！一个人的胸襟能容多少物，每个人的表现是不同的。心理学者研究表明：学养 +见识 +气质 +品质 =容量。宽容，能使人与人的关系如沐春风、如饮甘露；狭隘足以让人的心灵流血、两败俱伤。心不容物会失去英才，海纳百川沃野娇秀，大肚能容天高地阔。

国之根本在家，家之根本在孩子，孩子之根本在教育，教育之根本在用心。一生一心，何谓“心”？“用心也”！用心工作、用心生活、用心去爱身边的每一个人，用心做好每一件大大小小的事。始终保持“用心、认真、专业、感恩”的工作生活态度。哪怕日复一日，年复一年，既不会有可歌可泣的闪光事迹，也不会有悲壮辉煌的精彩瞬间。一心融入在平平淡淡的工作中，在点点滴滴的小事中。平平淡淡才是真，点点滴滴皆育人。“学无常师，惟德所在”，师者如水，而真水无香。无香胜有香，香之氤氲在于乐在其中！我很庆幸自己从事的行业是自己喜欢的教育工作，教书育人是快乐的也是幸福的，做一个快乐的教书匠，此生无需他求！

孩子，你天生就是如此

——生命幸福的祈祷之孩子祈祷文

虞贵明

你有一颗善良、真诚、美好、温柔的心；
你生性善良体贴，积极光明，心胸开阔，从不说负面伤人的话；
你真心诚恳，喜欢祝福别人，鼓舞别人，帮助别人。
你有健康强壮的身体，
你有强烈的学习欲望和学习能力，
你尊敬老师，结交益友。
你有积极地思考能力和组织能力，
你有超强的理解能力和记忆力，
你有足够的判断力和意志力，能够拒绝任何不正当的诱惑。

愿你的热情活力都能发光发热。
愿你的天赋才能都能尽情发挥。

用心札记

身为老师的我，愿我有一颗柔软敏感的心，
能够感受你内心任何焦虑、愤怒、悲伤、恐惧，
让我们用爱抚平它们，祈求它们完完全全得到释放。

你天生就是个好孩子。
你是身心平衡的好孩子，
你是健康可爱的好孩子。

孩子，我们用心爱你。

多么幸运能够拥有你，让你成为我们的孩子！
孩子，我们以你为荣。

写给用心的情书

印凤

犹记得与你的第一次会面，那是芳菲的四月天，你就这样进入我的眼帘，走入我的内心深处。你是阳光的、耀眼的，我急切地表达对你的爱慕，想要在你身边停留。回想当初，激动依旧在心中回荡。你不知道多少次我在心里暗暗感谢上苍，安排了我们之间的缘分；你不知道我与闺蜜聊到你时喜悦而自豪的心情，你不知道每和你多相处一分，对你的依恋就多一分……多的是，你不知道的事。

你是百分百的暖男，在生活上无微不至的照顾我，工作中倾尽所有对我指导，情感上给与我无限的爱与包容，这样的你如何不让人迷恋，如同坠入花的海洋，让人沉醉!

2012 年 6 月，对于环境不熟悉，租房的大问题困扰着我。是你，牵着我的手从黄昏到日落，走遍了望月湖那一片校区。那晚绵绵的细雨润湿了你的发，却化做丝丝甜蜜进入我的心，你柔声的安慰，坚定的脚步，掌心的温暖告诉我：只要有你在，没有什么不能解决的。就这样，几度夕阳下，住房的事情解决啦，我们都很默契的没有诉说脚的疼痛。

今年 7 月，我开车从博才回双语校区的路上，车被别人蹭到了。对方是个中年男子，一下车就数落着尚处实习期的我开车技术差，责任全部推向我。宽大的岳麓大道上，车水马龙，而我停在路边，心里一片慌乱。猛然间，我想到了你，拨通了你的电话，沉稳的声音从另一头传过来，细声安抚我。那一刻，仿佛置身大海，抓住了救命的浮木，我什么都不怕了。不一会儿，你赶到现场，忙前忙后，事情终于得到了圆满的解决。现在想来，不知何时，你已成了我最坚强的依靠。

你是真正的浪漫主义者和大男子主义者，你常说：希望我是幸福感第一的人。你也在为之付出行动。每年必带着我来一场说走就走的旅行，井冈山、遵义、延安、北京…… 永远都是你带着我，我不用带着钱，羡煞旁人。你爱用照片记录旅行中的点滴，我则爱用不整齐的两排牙作为情感的窗口，我想，你能读懂。每年的生日、纪念日，你总记得那么清晰，总是给我惊喜。承载着满满祝福与爱意的卡片，一遍一遍被我摩挲。我就像偷吃到蜜糖的孩子，雀跃、欢欣。

工作中，你带着我走过人生中最迷茫的一段路程，手把手教会我工作的点点滴滴。你总能一针见血地指出我的不足，给出建议。在面对学生时，情绪管理和处理是我的短板。犹记得你耐心的跟我说：我知道你对孩子们的心，真心地想要他们好，但首先自己的心态得调整好了，不能急，慢慢来。给孩子们时间，也给自己时间。也记得你跟我说过：曾奕宾这个孩子需要多哄着他，强硬的态度和举措是行不通的，不同的孩子，需要不同的对待方式……我感激你带给我的正能量，让我一步一步迈向优秀。我们的故事还有很多很多……

可能大家会问到：你是谁？让我骄傲地告诉全世界：你的名字叫“用心”。你就是如此的神奇，充满着魔力，将不可能的事情一件件变成可能！都说“陪伴是最长情的告白”，今年我们一起度过了第三个年头，希望下个三年，十年，更多年，我们都怀揣着初见的美好与悸动，一起慢慢变老，这是我能想到的最浪漫的事！

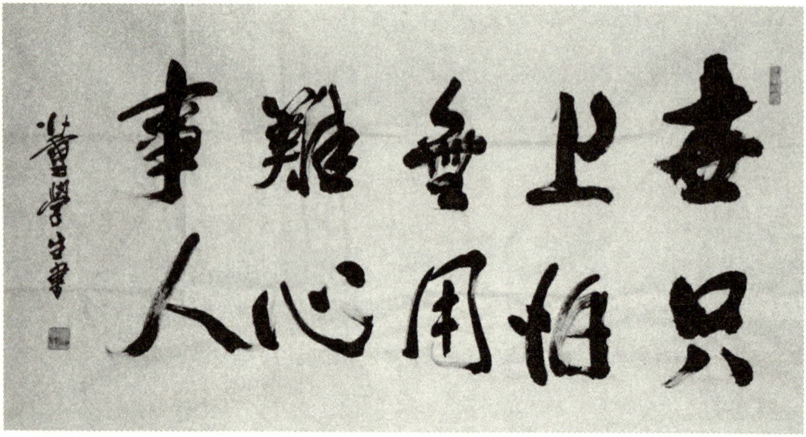

用心书法　董学生

睁开小眼看世界

黄玉兰

这是一个很深的话题，这也是一个很简单的话题；
在这里，我只想简简单单地分享你成长的点滴。

盼望着，盼望着，你终于来了。
从怀上你的那一刻起，幸福感立即爆棚；
十月怀胎，一朝分娩。
历经二十四小时的阵痛后，还是不得不挨一刀；
但即便这样，为了你，我也心甘情愿。

你睁开小眼看着这个世界，而我的眼里全都是你；
都说婴儿看世界，一开始看到的都是光和影，不知我的影子是否入了你的眼；
慢慢地，你的视力越来越进步，你眼中的世界也越来越清晰。

用心札记

你对周围的环境充满了好奇，在你的小脑瓜里，有太多的惊讶和疑问。

你胆子很小，但听力很好，对于突然发生的声音很敏感，而且会追逐声源；

四个月了，你喜欢照镜子，你会对着镜子里的自己哈哈大笑；

你喜欢捉迷藏，不管是谁，逗你后躲起来你会去寻找；

你开始粘人，开始晚上要妈妈，开始哭出眼泪，开始拒绝陌生人；

你已经开始做一个小大人了。

很享受你哭着叫妈妈的那种感觉，虽然你是在哭，虽然我也会很心疼；

仿佛这样才会更加体会到作为一个妈妈的存在感与重要性。

很享受我回家的那一刻你给我的一个大大的拥抱和幸福的笑容；

很享受你躲在我怀里害羞的样子；

很享受你带给我的所有辛苦和劳累，这已是一种幸福；

与你相处的每一刻，都是一种享受，这是其他任何享受都无法比拟的享受，独一无二的享受。

孩子，世界很大，让我陪你慢慢看，让我们共同享受这一段美妙的人生之旅。

用心七年回忆录

黄严庆

你还记得印象最深的一次面试吗？

你还记得第一份工作是什么吗？

你还记得在最困难迷茫的时候是谁拉了你一把吗？

……

离开大学象牙塔，在茫茫人海中，在一次次的选择与被选择中，偶遇用心，就这样开始了我长达七年的用心旅程。

犹记得，那次是令我印象最深的一次面试：一间小小的办公室、三四个人、几个小时的长聊……感受到了一个大大的梦想，高大上的 **PPT**：温暖的细节，当虞总自豪地在介绍："**kcc** 是指凯程中国长沙，每位学员还有精心设计的护照分为博学、明德、笃行、凯程，是出自大学中庸，也将学习分为四个阶段，也是对用心学习的美好祝福，我用心、您放心是我们的文化……"。眼里泛着光，每一个符号都意义深刻，每一个细节都精心设计，每一句话都蕴含丰富文化；

宏伟的蓝图……真的真的觉得很不错。喜欢这个地方，也把最真实的自己展现了出来。那时还有一个同伴，也许她的沉稳、大气更能被相中吧。当她被通知录取的那一刻，心情无比激动。而在一旁的我，正在等待着、失落着、祈祷着……在接电话的那一刻，开心和满足无以言表。后来知道，连对话的人都能感觉到我激动又不能太激动的心情。

就这样，我成为了一名凯程用心的老师，这是我第一份正式工作，向世界宣告独立。一面对大学生活的不舍，一面对成长的期待。而当时留给了自己一句话："不会轻易选择，但选择的一定会坚持下去。"而这句话在往后的这些年里也一直影响着自己，提醒着自己，告诫着自己。

那时每天我们上班要转两趟车，坐上一个半小时的公车，那时上门去做辅导，每天回来后聊的都是孩子，我们很快乐也很享受，因为那是我们燃烧激情的岁月。孩子不听话，换个老师聊聊、换个方法，或出去走走总之想尽各种办法，没有退路，只是一心想要拿下。只有拿下孩子才能证明你的存在有价值。然而并不是一切都十分顺利，道路总是曲折的，但这个过程中总会让自己不断成长。所以痛并快乐着。

然而，每个人的生活，总会有所舍弃。我的战友，为了家庭或是为了别的需要选择暂时离开的时候，有和我一起进来的、有对我十分照顾的、有并肩作战的，当时内心无比难受，甚至有所动摇！然而却在那时有人给我冷静的分析我与她们不一样，这里很适合我，她们很看好我，希望我能够好好发继续。我很感谢她们，不能带我走但还是让我继续留下了，或许在她们心中也相信用心会越来越好，只是有不得已的原因，所以我坚信用心的未来一定很好，我也会在这里等你们回来的。

也许，我们这个年代孩子的父母都希望自己孩子有份稳定的工作，不用在外奔波，或是离自己近，或是觉得别的地方会有更好的发展。我能够理解，但是我渴望自由，我希望能按照自己的方式过好自己的生活，可是我也不想不尊重他们的意见，所以我请求他们信任我，给我一点时间，我相信自己的选择没有错，我要证明自己是正确的。然而在这个过程中，得到了很多人的帮助，真的非常感谢。当你真的想要全力以赴做什么的时候，一定会被眷顾的。

在用心路上，凭着自己用心对待每一位孩子，也几乎是一路高歌，平步青云。然而在用心不断发展和变化中，却似乎慢慢的有些力不从心，作为一位优秀的老师却不想仅仅只是一位优秀的老师，尝试着不断改变着自己的角色，然而却总会困难重重，甚至开始怀疑自己，在这个过程中，遇到了她们，人生最重要的朋友。陪伴和支持是最好的鼓励。每一次蜕变的过程都是痛苦的，但是每一次的脱变都是一次成长，每一次成长才能让自己的人生更加丰富。

作为一名老师，在学生身上倾注着心血，多么希望每一位孩子都能够更好地学习与成长。每一位老师对孩子的爱都是毋庸置疑的。然而，每位家长对孩子也都是寄予了厚望。可是就在某一天，突然发现，面对有些孩子似乎无能为力的时候，突然想到了逃避，想要放弃。幸好有人，及时地拉我一把，告诉我："不要放弃，也许这个孩子正需要像你这样有要求比较严格的老师来让她变得更好，也正需要这样的磨练锻炼你自己的心性。"心里想："也许是这样的吧。""你真的不能放弃她，老师的放弃对于孩子来说是致命的打击。"这句话让我猛然醒悟。所以我告诉自己，一定不能放弃。我们作为一名培训学校的老师，一定需要家长的配合。所以通过和家长的沟通并得到了认同和配合后，共同又面临着一个问题，孩子的逃避。经过一段时间的磨合终于取得了孩子的认可，让她愿意和我站在一起共同面对学习和成长的困难，终于孩子越来越好了！看着她一点一滴的进步，心里的成功感和喜悦感不言而喻。是的，只要思想不滑坡，办法总比困难多。

……

随着时光变迁，回想用心的这些年，感觉爱还在，谢谢一路有你们的陪伴，用心交换心，用爱传承爱，我在这里等你。用心途中，一定不会一帆风顺，但是只要不放弃，一定会有更精彩的人生。过去的 7 年，因为每一次的成长都有用心孩子们和老师们相伴，所以充满着幸福和自豪。但我觉得还不够，我要一个更远的明天——而每一个明天，还要有你的相伴。

用心

【学生篇】

日　记

汤天翊

来美国有半个月了，趁着这次 4 天小长假，写一篇日记。

Eating

我觉得我还比较喜欢家里做的饭菜，妈妈是全职太太，平常当 **baby-sit**，会做各种各样各国的菜，除了本国菜以外，做得最多的是 **Mexico food**，当然也有德国，西班牙甚至包括中国菜——炒饭。

美国当地食物吃得最多的就是面包配牛肉和 **cheese**，简称三明治。我们家庭不怎么吃辣，所以没有辣椒，不过我自己带了辣椒和胡椒粉（胡椒粉可以不用带，家里有）。还有，美国人普遍喜欢比较甜的食物。

由于我饭量比较大，一般在饭后或两餐之间都会吃几块面包配黄油和果酱，而且，家里买了很多水果，苹果、李子、西瓜、葡萄和菠萝，都超级甜，我超爱吃。

Study

开学前一天，去学校参加了英语和数学考试，英语考试分两个，一个是笔试和听力，一个是口语交流和写作。学校根据最终成绩分到相应水准的班。而数学考试，有四张难度不同的卷子，随便选，逐渐增加难度，直到不会做（老师没有改卷，全听学生自己的意见）。最终我的英语上最低等级，数学上 **algebra 2.**（次高级）

包括自习课，一共有八门，关于课表，有两件事记忆犹新：

第一次，是选课。由于我是 **freshmen**，所以学校不让我选修第二外语，说明年再学。但我是交流生，不是留学生，只呆一年，如果无法上第二外语，将会是一个大的遗憾。所以，我向老师说明了情况，并且说先试一周，实在不行，再换。最终，老师同意了。

第二次，是换课。美国学校生活，最突出的文化就是 **club**。但我的老师没有给我选择任何 **club**。正好，我有一门课 **health**，太难了，会要挂科，就将它换成了乐队。虽然乐队中很少会有钢琴，我只能敲木琴，但重要的是体验了美国文化，融入他们的圈子，或许可以交到一群朋友，非常值得。

正式开始上课了，学校是走班制，一下课就要到 **locker** 换书，并且赶到下一个教室，课间只有四分钟，动作要快。好在老师不拖堂，一般一两天就可以适应。

美国都是用旧书，环保，节约。一般书薄的有六七百页，厚的有 **1200** 多页，很重，基本不带回家。书上不做笔记，保持干净。我的世界地理书，是一本 **14** 岁的老书了，基本完好如初，非常令我惊讶。基本上，每一个科目都会要求买一个 **notebook**，一个 **binder**，用来记笔记、作教案和写作业。

用心札记

美国上课也和中国上课有所不同，课上同学讨论居多。像科学课，基本上每节课就是设计实验，甚至考试大题也是设计实验配上一套完整的流程，有时老师还会做试验来测试我们所设计的实验是否合理。并且上课光听老师讲的几乎没有，老师几乎不会点名喊你回答问题，即便你很久都没有回答过，全凭自觉；而在中国，如果你经常不举手，老师会进行抽查，点名喊你回答问题，看你是否掌握。而且，课堂表现占期末 GPA 10%～20%，所以必须参与融入进课堂。

在学校，quiz 很多，有别于 test，基本上一周有一到两次。由于我们是国际学生，英语尚有不足，如果题目看不懂或无法用英语写出自己所想的答案，一定要向老师或同学申请帮助，说明情况，他们会很乐意帮助你。如果你不说的话，老师会认为是你掌握不了这些知识点、你不会，从而导致你挂科，挂科是很危险的，有被遣返的可能。

作业一般不会太多，但要复习上课所讲的，而且一定要按时完成。最最重要的是不能抄袭，如果不会可以请家庭爸爸妈妈或哥哥姐姐帮忙，即使是上网查询，也不能照搬，要用自己的话说出来，否则，一旦被发现，是有可能该科目成绩记 F，或遣返。日常作业也是期末 GPA 一部分。

Activity

在周末、假日，每个家庭或多或少都会有活动，当然每周日去教堂是最基本的活动之一。像我们家庭，在我来的第二天就有一个巨大的家庭 party，家庭父母的亲戚共 40 多人参加，非常爽。在周末，会带家庭宝宝去 shopping，或去游乐场玩儿。不过由于家庭妈妈怀胎近九个月，所以没有什么关于 sports 的活动。还有像我一同学家庭，在周末他们家喜欢去看 **football**，或去游泳，很多活动。

Get on well with your family

与家庭相处，也是一大难题。一旦弄不好，家庭不接待你了，就麻烦了。

首先，要多与家庭沟通交流，积极参加家庭的各种活动，不能只呆在自己的房间里埋头学习，或玩游戏。这样可以让家庭和你更加互相了解。

其次，要学会询问。有些家庭有家规，所以在动用家庭的东西，或其他情况时，要询问并得到家庭准许。当然询问还包括在餐后是否需要承担洗碗，或承担家务。

然后，要学会提出自己的需求。这包括各个方面的，学习上，生活上，文化上，饮食上……避免与家庭发生误会。如果发生误会，不能和家庭吵架，摔东西，可以请区域经理进行协调。

方　向

丁旭杰

没有人是生来的聪明，即使是再伟大的人，也都是从无知的娃娃成长起来的，所以，重要的不是目前的位置，而是所朝的方向。

想要成功，不仅仅是要有方向，而且要付出比别人更多的努力，像贝多芬，他之所以成为音乐巨人，是因为他确定的音乐方向，不单单只是一个结果，而是一个由过程拼出来的成功。世界上没有天生的天才，却有懒惰的蠢才，在每一个看上去毫无缺点的天才身上，他们背后的心酸只有自己清楚。记得有一次，我陪班长去语文老师那里背书，他背的是滚瓜烂熟，并得到了语文老师好一阵子的表扬，而我只是勉强过关，事后我向他请教读书的秘诀，他说，“也没什么，我只是有了确定的目标，并朝着那个方向努力罢了”，并且给我讲了他背后所付出的努力，原来，他只是表面上没有那么努力而已，看上去吊儿郎当，事实上他是有明确的方向，而且付出了巨大的努力。此后，我感触很深，心想，无所事事就能考出好成绩吗，至少，应该有一个方向吧。失败是成功之母，在你前行的路上，总免不了有绊脚的石头，刺人的荆棘。如果在这途中因一次小小的失败而放弃，那么你将无法前行。但是如果我们把每一次的失败当作是一种对自己的磨炼，那么，我们脚下的路将越走越宽，越走越顺！总有一天，你会为自己曾经的努力而自豪，为自己的付出而感动！

方向是路灯，让我们朝着各自的方向用心前进吧！

老师伴我成长

伍雨蕾

在我成长的路上有很多人陪伴我，并指引我成长，从他们身上我汲取很多的关于学习、生活，以及为人处世的道理。其中有一个老师的陪伴让我的成长更加顺利和精彩，他就是用心教育的盘老师。

他让我学会了理解和宽容。

记得有一次，我去用心辅导的时候把墨水不小心倒在课桌上了，心想自己死定了，一定会被老师骂得“狗血淋头”的！盘老师一来就看见了桌上的墨水，又看了一下已经低下头来准备接受惩的我，什么也没说，只是轻轻的把他上课用的辅导资料放下。我忐忑不安地用余光偷偷瞄了下盘老师的脸色，他丝毫没有发怒的迹象，这时他又看着桌上的墨水心平气和地说：“没关系的，你是不小心的吧！快去拿抹布来擦干净吧！以后注意点就好！”我惊讶不已，我悬着的一颗心终于落下来了，不愧是被学生们称为最宽容的老师啊！要是其他老师的话，我必定就该被“小惩大诫”了！从这个事情上也让我明白了，不管是谁犯错，很多时候都不是故意的，都需要别人的理解和包容。

他让我学会了要开心愉快学习和生活。

在生活和学习中他都是平易近人、令人喜爱的老师。同时他还是一个幽默无比的老师，和他玩熟了，经常会弄出一些爆笑的事情。这不我们学生团又一齐间接来“欺负”盘老师，捏的捏的耳朵，刮的刮鼻子，按的按肩膀，不过这时候，我们将会被他的杀手锏给一一击退，那就是——挠痒痒。没有办法，最终我们被他弄得只得“缴械投降”了。又有一回，我正准备“攻击”他，我刚靠近他，只见他身上的肉比以前更多了，便问：“你怎么越来越胖了呢?”他摇头晃脑地回答道：“当然是被你们一天一天打肿的呗!”说得我及办公室里的老师都哈哈大笑，边说还边使出杀手锏“攻击”我，我只好“落荒而逃”了。因此，我又把一个称号分享给我的同学们——幽默大师。想起这件事，我就忍俊不禁。他就是这样不管是在课堂上，还是课外，与他相处总会让人觉得特别轻松愉快。

他让我更爱好运动。

生命在于运动，他很好诠释了这一句话。他时常带着我一起运动，慢慢地让我也爱上了运动，并努力去做一个身心健康快乐的人。在课后他经常和我一起打篮球，打羽毛球，游泳等等。他每样都很厉害，每次看到他矫健的身姿，我都敬佩不已。在他的陪伴和指导下我还学会了仰泳，我的篮球技术也被他训练得大有长进，有迎头赶上他的趋势。哈哈！此刻，我真忍不住想亲切地喊他一声“盘哥!”。

曾经看到了这样一句话——陪伴才是最好的关爱。希望以后的成长继续有盘老师的陪伴。

我与阅读

胡铃婕

高尔基说："书籍是人类进步的阶梯。"而书籍对于我来说，就如同良师益友，也是我的知己。

我爱书，爱它告诉我的逸闻趣事，爱闻它特有的墨香味儿，爱揣摩它所有的好词好句。当然，更爱它带给的快乐和各种滋味的体验。

书像石榴，你一剥开它的"外壳"，就会发现许多晶莹剔透的"石榴籽"，三五成群的聚在一起。摘下一粒放进嘴里，那酸酸甜甜的味道会刻在你的脑海里，让你铭记于心，让你不断从中获益。

以前还不会写作文时，一听见"作文"两字就像老鼠见了猫一样害怕，总感觉自己将大难临头，又好像鸟儿在空中飞着飞着就被一块石头砸中一样。在家写作文时也是那么应付着，妈妈说一句我写一句，完全没有任何改变。至于自己写的作文嘛，就连我自己都看不下去！那岂止是一个"惨"字了得！

直到后来开始看起了书，一次写作文时，突然混沌的大脑变得通透无比，下面的语句如何写也全都一清二楚，仿佛“文圣”附体般文思泉涌，接下来的作文当然就一气呵成了。那一次，我破天荒拿到了优秀作文，而且还被妈妈怀疑了个透。我这才明白：这作文是自己的灵感创造的，所以，只要找到了灵感，就能写出好作文，而阅读就是写作灵感的泉源。

现在的我已是那种时时刻刻都离不开书的小书虫了，书俨然成为了我生命中的一部分。记得有一次在教室里看书时，同学突然要我把窗户打开透透气。我一边目不转睛地看着书，一边心不在焉推着窗户。怎料，那窗户像脱缰的野马，跑一边去了！“轰”的一声巨响，还好玻璃窗大难不死，沿擦出一丝裂缝！于是乎，孤单一人的我瞬间就变成了万人瞩目的焦点！那时，我只想说：“哪里有地缝！快收留我吧！窗户太差，我并非女汉子啊！”这时我只想仰天长叹——看书是好，可是如此这般，我承受不起啊！更有甚者因为看书而走错教室，做错位置，撞到墙壁也是常有的事，不过由于沉浸在书里，自己也从来不会在意那些小事。

我就这样沉醉在书中而不可自拔，自然而然地就和眼镜交上了朋友。但这也影响不了我的看书之路，因为我的生活中若没了书，就像飞禽失去了翅膀，无法飞翔；若没了书，就像走兽失去了四肢，无法猎食；若没了书，就像人失去了灵魂，还怎么活！书就是茫茫夜空中的一簇簇绚丽的烟花，把我们平淡无奇的人生照得丰富多彩。

“书中自有黄金屋，书中自有颜如玉”，可有了书，你也只是有了张银行卡。必须要看懂书，找到书中暗藏的玄机，才能把那笔真正的财富存入到你的银行卡里，才能任由你使用。而且看书重要的是质量，而不是数量，囫囵吞枣地读完数本书，还比不上仔仔细细地看完一本书所获得的“财富”多呢。

书似美酒，令我陶醉；书似夜空，让我仰望；书似“毒品”，让我已经上瘾。

学，一生的追求

廖嘉璐

读是世界上最深的感悟，而学则是我们一生都不应停下的追求。

学习上，我们应该尊重自己的态度，而不是一味模仿别人的方法和喜好。若是跟着别人，亦步亦趋，那么每一个人都会是相同的，失去了所谓“独一无二”的特性。就我而言，相比于言辞华丽的写作之风，我欣赏“出淤泥而不染，濯青莲而不妖”的纯净；相较于“蛾儿雪柳黄金缕，笑语盈盈暗香去”的婉约，我更喜欢“安得广厦千万间，大庇天下寒士俱欢颜”的豪迈。人各有所爱，既爱即追求，何必为别人改变自己？老师的倡导，只是“取人之长，补己之短”，如只是模仿别人，而不改进自己，反而适得其反。

生活中，我们应处处留心。借由自然开拓自己，扩展自己心灵的境界。青瓷缸中，浅浅水影，养的是水仙清丽；污泥塘里，深深沼洼，养的是白莲洁净。不同的地方特色养育了不同的文化气息。世界那么大，我们应该到处去看看，而不是宅在家中，任由网游摆布自己。出去走走，放松身心亦是锻炼心性。有时间就读一本好书，借它来陶冶性情。从中得到一点体会，收获一点感悟。读一本，我们可以从作者的文字看出他是一个怎么样的人，悟文的过程中，我们也可以渐渐学会悟人。

最后，学，贵有恒，何必三更眠，五更起？想要的成功，必是长久努力的结果，若是一时不见效，不能心急，因为学习是一个需要不断磨练和摸索的过程。我相信，有志者，事竟成，破釜沉舟，百二秦川终属楚；苦心人，天不负，卧薪尝胆，三千越甲可吞吴！

一生一心，搏击高考

谭清文

一直以来，我对高考有着太多的埋怨，但自从步入高三以来，我发现一切都改变了，就连自己也改变了。

正是高三，才让我学会了心无旁骛地努力，拼尽全力地奋斗，也懂得了去享受奋斗过程而不仅仅只是为了结果。高三，不是噩梦，而是实现你梦想的机会。

学习，不能高谈梦想，而是要把它深深地埋在心里，积蓄自己的实力。高一时，我的成绩不太好，我越是担心成绩，成绩却越提不上来。那也许是我印象中最黑暗的日子。不论是假期找老师补课，还是晚上学习到深夜，那只能让我感到更累。直到后来，我才渐渐发现，对待学习，不能只埋头苦干。适当放松自己，调整自己的心态，学习的状态才会改变。每个人都会有心情不佳的时候，不要让它影响了你的学习，你只需要做的就是告诉自己，一切都会好起来的。学习最难做的一点，不是哪道题让你百思不得，也不是每天堆积如山的作业，而是心态的调节，保持状态。

学习，要追求效率。效率高意味着全神贯注，需要你心无杂念全身心地投入到学习中去。有时你的效率低，不是证明你智商不如别人，而是证明你不如别人用心，用心才会有效率。当你在学习中遇到困难时，不要着急，深呼吸，缓一缓，学习一定没有你所想象的那样糟糕。更多时候，你不要去畏惧前方路上的坎坷，走好脚下的路，一步一个脚印，你终究会达到你自己想要的高度。学习上，我不相信输在起跑线上这一说法，不论你与别人差距多大，效率提上来了，定会让你拉近与别人的差距。

学习，也需要我们反思和总结。往往我们要做很多的题目，进行题海训练。诚然，这是我们勤奋的表现，但我们却忽视了做题的根本目的。如果仅仅使用题海战术，那样不仅仅浪费时间，更会使你的思维变得混乱。作为理科生，我们应该培养自己敏锐的思维，并去追求每个题目的真谛，从中获得收获。老师经常要求我们准备一个错题本。这是好的。但是大部分人都只是单一地将错题从一个地方，转移到错题本上。没有反思和总结的错题整理，可能刚刚写完还有点收获，但是过了一阵子便忘得一干二净。所以，我们要用一种科学的方法去解决这个问题：抄完题目后，过一两天，重新过关，过一周，再次训练，一个月后，回顾整理。这个方法看起来比较笨，但当你真正坚持实施下来，你会发现你所不断回顾的题型再次遇到时，对题目的畏惧感烟消云散，取而代之的是亲切与熟悉。学会反思和总结，一切就变得简单起来了！

总的来说，学习是一个不断探索并提升自我的过程，学习的方法有很多，但只有切实地做，探索适合自己的方法，用起来才会受益匪浅。所以，除了老师的用心教学，其他一切都要靠我们自己坚定的决心，不懈的努力，这样才能让大家看到不一样的自己，一个顽强的自己，一个努力上进的自己。相信自己，你就一定能成功。

站在高三的冲刺线旁，回想高一、高二的日子——那些波澜起伏的日子，让我回味无穷的日子。每每我沮丧于解不出题，抬头望望身边的同学和朋友，他们依然在为着自己的理想而奋斗，我没有理由驻足不前。如果高考是一道无法回避的门槛，何不尝试享受这段充满意义的时光。高中三年，**1095** 天，把握好寻常的每一个瞬间，你怎么会知道下一秒简单的决定不会让你拥有惊奇的未来呢？用我用心的付出，点亮我珍贵的一生，我付出，当无憾！

这也是课堂

符晋萌

盼望着，盼望着，这一周终于来了，同学们都很兴奋。因为这一周轮到我们班执勤了！以前一直都在看着其他班执勤，感觉可威风了！这一周终于轮到我们班了！你说，咱们能不开心吗？

我和吴亦凡在负一楼的小卖部执勤，所以刚下第四节课，我们两个便朝着小卖部飞奔而去。

到了我们执勤的地方，便看到好大一滩水还有许多泥巴，脏兮兮的。可就算是在这样恶劣的环境中执勤，也没有打消我们两个的积极性。所以我和吴亦凡依然精神抖擞，站姿挺拔，问候声响亮。

可过了十五分钟后，我们俩便有些站不住了，腿有点疼，嗓子也有些干，肚子也有些饿了。可我们还是咬咬牙，坚持下来了。

又过了五分钟，我们俩的腿已经有些抖了嗓子都快冒烟了，肚子也饿得“咕咕”叫了。

就在这时，刘一灵走了过来，手里端着一碗西瓜。她朝左右看了看，发现没什么人，便用牙签叉了一块西瓜递到我面前，对我说：“吃一块吧！”

我看着那块诱人的西瓜，真想马上吃掉它，可是我又想：老师说过执勤的时候不能吃东西，所以即使在没人看到的时候我也不能吃。而且如果我连这点苦都吃不了，将来怎么能干大事呢？想到这，我便忍下了食欲，对刘一灵摇了摇头。

通过这件事我明白了一个道理：要想把一件事做好，就必须要忍下欲望，经得起诱惑，不然你什么事也干不成。

光阴似箭，日月如梭。一周的时间很快就过去了，同学们也圆满地完成了执勤任务，通过这次执勤，同学们都明白了很多道理。所以在我们心中，这不仅仅只是一次简单的执勤，这还是一次使我们终生受益的课堂。

用心

【家长篇】

中式教育抑或美式教育，我们该如何取舍

陈逸扬爸爸-陈虎强

当代社会，家长们对孩子的教育以及孩子的未来日益重视，内心里总在想着能否找到一种更好的教育模式或方式方法，以达到事半功倍的教育效果。家长们“望子成龙”完全可以理解。在大家越来越渴望能发现有一种最适合自己孩子的教育模式时，却遇到了困惑，因为当今五花八门的教育模式不胜枚举。面对众多的教育模式，我们究竟该如何选取？一日遇到一位同事，我问她急急忙忙有啥事？她首先是叹口气，然后说她读初中的儿子要去韩国，刚从银行取钱要交到学校去。我说很好啊，让孩子出去见识见识多好。同事说是学校组织的交流活动，儿子一定要去。然后同事很认真地对我说，她要儿子多参加一些学校组织的与学习的关系更密切些的其他活动，她儿子都是拒绝的，而这次去韩国“玩”的成分要多得多，所以儿子一定要去。说到这，同事谈到她以前对孩子的教育不是很“严”，比较“放任”他。同事离开后，我就开始想她所说的“严”与“放

任”是何含义？仔细想来她所说的“严”应该是指中国的传统教育模式，而“放任”那就该是美式教育模式了。

对于小孩子的教育，我们究竟是采取中国式的传统教育模式？还是把代表西方教育典型模式的美国教育模式拿来取而代之？这个问题自从儿子诞生的那一天开始就一直困扰着我。随着儿子渐渐长大，依据他现在的心理、行为的发展变化，反思以前我对他教育的方式方法，终于找到了问题的答案：即以中式教育为主，适当吸收美式教育的合适成分，用美式教育取代中式教育或以美式教育为主辅之以中式教育，均是不妥的。

为什么？本人觉得有以下原因：其一，传统文化背景的不同。文化背景实际上也就是人生活的大环境，而人与动物甚至与植物一样，深受生存与生活的环境影响，达尔文的“物竞天择，适者生存”法则同样也是适用于人的。更何况人要很能够适应所生存与生活的生活环境，才能为社会所接纳，这也就是心理学家们一再所强调的人要有很高的情商（**EQ**），即成功（**100%**）＝智商（**20%**）＋情商（**80%**）公式所表明的含义。智商在不同的人种间差别不大，甚至没有差异，但情商却存在较大的差别，而这种差别是由不同的文化背景决定的。也就是说一个情商很高的美国人，在美国的文化背景下具有优势，但在中国文化背景下就不一定具有优势了。中国的传统文化以及社会环境，在很多方面与西方是有巨大差别的，如孩子到了 **18** 岁后，父母就可以不要再去管他了吗（包括生活、工作、谈恋爱等等）？父母年老到一定的时候可以不需要孩子们的照顾了吗？为了要“适者生存”，所以，我们在教育孩子时必须要保持中国的传统教育方式，这样才能把孩子培养成为适应中国文化环境的社会人。其二，不可否认的是，中式教育里确实存在一些弊端，如娇生惯养、不注重独立意识与能力的锻炼、强调书本知识的传授而忽视思考力创造力的培养等等。所以，在教育中应该把这些不利于提高孩子情商的成分抛弃。其三，不能盲目照搬美式教育模式。如美式教育中有赏识教育一法，有些人理解为这一方式就是，只能表扬、激励孩子而不能批评、责骂孩子。我认为这是错误的做法，孩子明明犯错了，大人适当责骂又有何不可？“骂”本身是无问题的，关键在于何时何地可以骂或不能骂。

随着中西交流的不断扩展与深入，加之信息化、网络化时代的到来，中国人会越来越多地接触到西方的文化，尤其是西方的教育模式与方法，我们将会了解得更多。当我们突然面对多种全新的教育模式时，千万不要被迷惑。中国的传统教育方式已经存在有几千年了，它既不是昙花一现的时髦，也不是随意就可以丢掉的烂鞋子，它的存在就有它存在的合理性。我们不能轻易地说中式教育与美式教育到底哪个好哪个不好，我们在选取教育的方式时一定得记住一点，“在什么山头唱什么歌”。

关于孩子教育的点滴

龙彦源妈妈-陈莉

我孩子今年已十五岁了，正处于青春叛逆期，好多朋友问我你孩子怎么一点都不叛逆呢，这也许和长久的教育有一定的关系。

一、定规矩很关键

有的孩子每天放学或放假时都沉浸在网络游戏当中，父母很难管也管不住，其实冰冻三尺非一日之寒。我家孩子在开始学上网玩游戏开始我就规定不能超过半个小时（现在大了在四十分钟之内），而且玩游戏之前必须征得父母的同意，如果违反就停玩一天或一周。久而久之孩子的自觉性就形成了，我就不用担心他上网成隐，就算外出办事他也一样；现在的孩子都有智能手机，但又担心影响他的学习，我给他买手机前定下：在写作业时手机不能带进书房，在睡觉前手机要放在客厅，开学后手机必须交由父母保管。能做到手机可以用，不能做到手机没收。孟子说“不以规矩，不能成方圆”，没有难管的孩子，关键看我们有没有用心去管他，等到问题来了再管就有些难了。

二、言传身教的作用很大

老一辈人说，捉猪看娘种，说的就是这个道理，什么样的父母教出什么样的孩子。譬如，父母在家不是玩游戏就是玩手机或看电视，要不就打麻将，特别是当着孩子的面，你说我们怎么去要求孩子做作业，看书，估计他也不会有心思去学习。我很喜欢看书，孩子在家时我尽量做到不看手机，不玩电脑也不开电视。久而久之对孩子起到了就一定的潜移默化的作用，家里有一种书香的氛围，孩子自然而然就同化了；我很重视对孩子素质方面的教育。现在的孩子基本上是独生子女，很容易以自我为中心，自私，霸道。我自己是一名志愿者，平时经常参加一些公益活动，每年的寒暑假我都会带上儿子参加三到四次公益活动，例如去敬老院看望孤寡老人，去湘西去怀化看望我资助的贫困学子，做一些义卖得到的钱也捐给贫困孩子等等。孩子读小学四年级开始连续三年参加了每年的《快乐小报童》。我记得 **2012** 年我带他到湘西板荀禾小学去助学，孩子触动很大，他们的学校就是在一个老师家的阁楼上，四面透风，老师只有一个而且只有初中文化水平，条件极其艰苦。记得那次给那里孩子发完我们带的的学习用品时，他说，妈我要是多带些东西过来就好了（在家时孩子不肯背太多东西）。后来回来后，还写过好几篇关于那次助学的文章呢。用自己的一言一行来影响着孩子，让孩子做个善良、有爱心、懂得关爱他人、帮助他人的人，我们的说教是空洞的，不如身体力行，做个孩子的榜样来得快。

三、一个温馨充满爱的家庭对孩子的成长尤为重要

前些天，我一个同学跟我抱怨她的女儿（跟我儿子一样大，也正处于青春叛逆期）和她像仇敌一样，经常吵架，什么恶毒的语言都用上来骂父母气父母，好像这样才解恨，而且动不动就绝食，我同学真是伤透了心，拿她又没有一点办法。其实我知道我同学早些年孩子还小时夫妻关系一度很差，经常争吵，当时他们可能没有感觉到孩子会受到什么不良的影响，可是孩子在这样的恶劣的环境中听到的肯定是恶劣的言语，她感受到的也只是爸妈相互的仇恨，当她慢慢长大想喧泄自己的情绪时，她肯定会把她看到的和听到了那些还给他们，所以这孩子会这样叛逆一点也不奇怪。但孩子如果在爱的的包裹下长大，他感受到的是家庭的温暖，是父母的相亲相爱，他也一定会很幸福很快乐 ，也会很开朗。我经常听到我孩子说的一句话：我们是幸福快乐的一家。

四、多关注孩子，要站在他们的角度看问题，多理解他们，多与他们沟通

我们不要认为孩子小什么都不懂，如果我们不试着走进他们的心里，我们和孩子们的代沟就会越来越来深，关系也就会越来越僵。我们是从孩子的兴趣入手，慢慢走近他的。他很喜欢打篮球，也很喜欢看 **NBA**，我们在他小的时候就陪他打篮球，有时全家出动，陪他看 **NBA** 也是我们最快乐的时光，特别是孩子他爸懂得很多这方面的知道，他们父子俩一起看时，家里就热闹非凡。多关注孩子这样我们才知道他喜欢什么，什么是他长处，什么是他的短处，我们也才能在他学习上和其他方面给予他所需要的帮助。在学习上我崇尚自主学习，我只负责告诉他学习是自己的事，我不要求他非得要考多少名，我只告诉他人无论是学习还是工作都要勤奋努力，不上断

进步，才能有所作为。

我孩子并不是最优秀的，我只希望他快乐地生活，快乐地学习，成为一个心地善良、乐观正直、勇敢诚实、勤奋好学人，我也是尽量朝这方面努力来教育他帮助他的。希望我的教育的点滴能帮到大家。谢谢!

孩　子

李霁爸爸-李舟

孩子，是未来的希望，是独立的存在，从古到今都是国与家的期望！

反思现阶段我们的教育偏重孩子的智力开发和技能培训，孩子不堪重负，家长经济压力不堪重负，老师的考核压力疲惫不堪，为什么好的想法却达不到预期的效果呢？

究其原因是家长的思维短视和投机心态作怪，孩子的成长取决于家庭环境和亲人关系，试想家长的“猪头”思维难道会培养出“飞龙”的儿女？家长的拔苗助长和急功近利符合当前形势，产生了很多自私、自恋、为达目的不择手段的问题孩子，这又何尝不是我们的悲哀。所以教育首先是家长的再教育，因为大多数成年人是带病成为了爹妈，蜜糖的尽头是蜜毒，又如何可以成就自己的梦想？用心教育靠的是自己领悟，不必要埋怨社会和自己的境遇，健康的灵魂才会是未来！

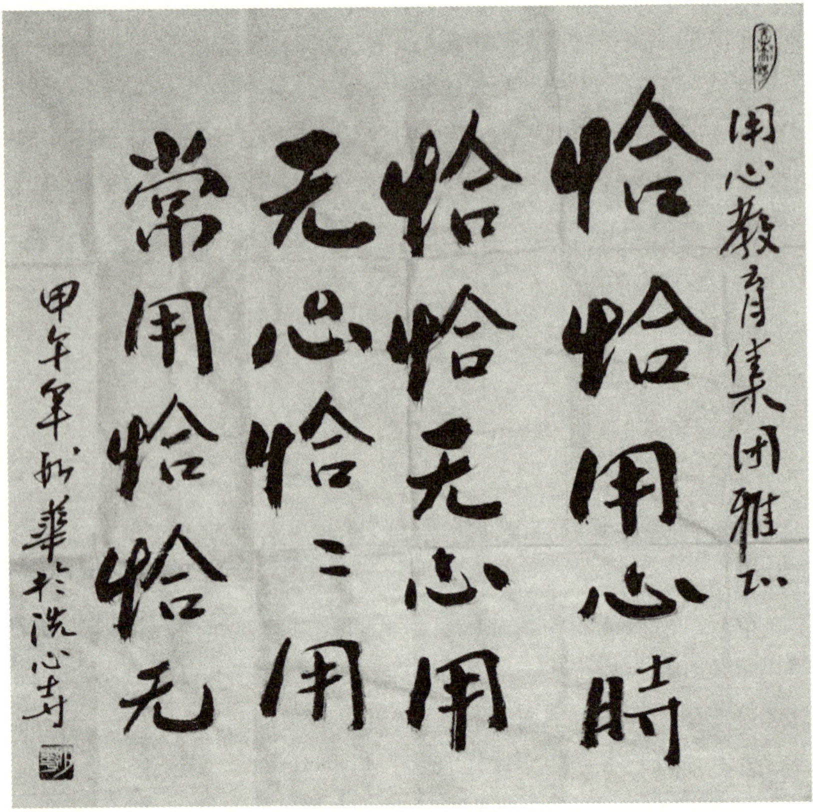

用心书法　妙华　于洗心寺

和孩子一起成长

黄晨程妈妈-谭哲

我的一生，最幸福的事，是一直陪伴着我的孩子成长。

我的孩子他从小就喜欢看书，喜欢各类书——他既喜欢童话故事、诗歌，也喜欢天文地理历史、军事科学等。

如果读到一本好童话，他会喜欢和我一块儿去幻想、去编故事，也喜欢听我念我新写的儿童诗，并提出他的观点，哪首写得好，哪首写得不好。

如遇天文地理历史、军事科学方面的知识，他又会去和爸爸讨论，然后发表自己的看法。

有一天，他问爸爸：“历史上有一次三国分晋，还有一次三国归晋是怎么回事?”爸爸回答：“一次是春秋时期晋国分为韩赵魏；一次是三国时期，魏蜀吴灭亡建立了晋朝。”他点点头说，“爸爸，你懂的还真不少。”

他对书的爱好很杂，似乎大包大揽，什么都爱看，仿佛那些黑黑的字，都是一些会跳舞的精灵，一直吸引着他的眼球，从不嫌累。

有一次，我发现孩子正在看一本从地摊上买的漫画书，我翻了翻，问他："这书好看吗？是有艺术价值，还是有文学价值？"他说："没有，好玩呗。"我知道每个小孩子都有漫画情结，包括我小时候也一样。于是，我把自己小时候看过的《三毛流浪记全集》找出来给他。他津津有味地看，时而大笑不止，时而沉默不语，坐在沙发上，一口气把厚厚的像一本大字典似的漫画书看完了。我问他："三毛流浪记好看吗？"他说："好看。""和你前几天看的漫画有什么区别？""这些画面感觉更好一些。""对，这就是全国著名的漫画家张乐平先生画的。"孩子的欣赏能力通过这样的对比自我提高了。

我的孩子很喜欢分析文章，喜欢讨论事情，遇到一个问题，就会叽叽喳喳说个不停。许多问题上，他来征求我的意见时，我会发表自己的看法，但也赞成他的想法和观点。

如果你问我，你的孩子到底看过多少书啊？我还真不知道该如何才能说清楚。

很小的时候，他就想拥有一座书城堡，城堡里全是垒得高高的书。虽然这个梦想很遥远，但我对他说，"其他方面，妈妈可能会对你很小气；但对买书来说，相信妈妈一定会是世界上最大方的妈妈。"

书看多了，孩子的眼界宽了，心大了，梦想的舞台更大了。9岁时，孩子向我们宣布："我要为造福全人类而读书，我要成为一名造福全人类的科学家！"

我们一直替他保存着梦想，一直鼓励着他朝自己的梦想去努力。

对待孩子的阅读，我一直是一个很不严格的妈妈，一直是个非常宽容的妈妈，宽容到经常会被他的老师点名批评，认为我不管孩子，任由他自我发展。因为虽然我会推荐一些书给他，但从不勉强他读；他喜欢看的书，我也尽量满足。我相信，我的孩子眼光会越来越高，会挑选出最适合他自己的书……

他喜欢的书，也会推荐给我看，并告诉我为什么要看这本书，遇上他推荐的书，我会抽空读一读。就这样，我和我的孩子相互推荐书给对方看，我们一起看书，一起成长，一起收获着成长过程中书给予我们的快乐！

我家有儿初长成

彭袁劲剑妈妈-袁梁

光阴如箭，日月如梭，儿子一晃就从一位天真、幼稚、可爱的小学生变成一个青春、阳光、懂事的初中生了，有时真的仿佛五年前的一幕刚刚发生在昨天。

“你好，请问您是彭袁劲剑的妈妈吗？我们是彭袁劲剑的英语老师袁老师，麻烦您下午接孩子之前来趟办公室。”我心里咯噔一下，难道儿子闯祸了，连忙答应。挂断电话，心里七上八下，不知所措，终于熬到了下午两点，直奔英语老师办公室。见了面英语老师直言不讳的告诉我，这次英语期中考试彭袁劲剑全班倒数第一，全年级倒数第二，面对这种状况，我们作为家长、老师都应该积极想办法，毕竟才二年级，追上来也很容易，但是一定要用心。我听后脸上一阵发热，感觉自己颜面扫地，心里却很着急，不知该怎么办。于是请教英语老师，袁老师告诉我，英语一定要多读、多听，并且一定要读准。我告诉袁老师，我和孩子的爸爸都不懂英语，连简单的词汇都读不准，袁老师说可以请一请外援。我走出校门，头脑乱哄哄，心里不是滋味，正在我一愁莫展的时候，看见了“用心教育”四个字，和一个温柔的女老师交流后，周末，我就带着儿子第一次来到了用心教育。

用心教育的郭老师热情地接待了我们，问清了情况，告诉我不要着急，只要用心孩子会进步的。这时我当着郭老师又在指责孩子，平时不努力上课不认真，儿子此时一声不吭，一脸的无助望着我，泪水在眼眶里打转。郭老师赶忙把我拉到一边，告诉我注意我的情绪。就在这时一位帅气的老师把我叫到了办公室，后来才知道是用心教育的虞总。他一进门就问我，您刚才注意到您儿子的表现没有？考虑到他心理的感受没有？观察到他此时的行为没有？这时我才回忆起，从办公室出来到教室接他，他低着头趴在桌子上，手里拿着一张折成很小的试卷，我叫他走时他一脸的茫然，我边走边问他，他只说这次英语没考好，怕同学看到分数，儿子的泪水这时流出来了，而我却完全没理会这些细节。虞总说：“孩子此时心里很难受，也许他努力了，但是方法不对？也许他心里很害怕，怕老师同学知道他的分数会取笑他？也许他在自责自己怎么这么笨，考成这样？此时作为母亲不应该是不断的数落或者是打骂，如果这样你的孩子会变成一个自卑、内向、没有自信的孩子，这是一个很坏的结果，比起分数这又算什么？作为母亲，你此时应该给孩子一个拥抱，拍拍他告诉他，儿子没有关系，这次考试没有考好不算什么，我们共同努力，找到方法会进步的。”这时虞总的一番话才让我意识到自己的行为多么的可怕。

在回家的路上，我换了一种语气，问儿子觉得自己没有考好的原因，他告诉我英语考试时他听着像这种意思又觉得像另一种意思，我想可能是我平时自己英语讲得一塌糊涂，还教儿子，导致他模棱两可，是啊，自己要负不少责任。我对儿子笑了笑说：“没关系，宝贝，妈妈已经在用心给你找了一位很棒的英语老师，从今天起我们共同努力，找准方法一定会进步的。”这时儿子脸上才露出一丝微笑，告诉我他会认真努力的，争取期末一定把英语赶上去。就这样儿子在用心教育 **Miss** 王的帮助下，一步步进步。从发音不准不敢读到能大胆晨读，从阅读英语看不懂到对简单的英语阅读没有任何问题，从全班倒数第一到班上前十名，更重要的是从毫无自信到充满自信，从一脸茫然到一脸阳光……这些转变进步，让我也心情愉悦，从心里感谢用心老师的用心教育，不论从身理、心理、学习各方面的关注，才让儿子有这翻天覆地的变化。

不知不觉在用心学习了五年，儿子已经从麓山国际毕业了，成为了师大附中的一名初中生，这次到了新学校，班主任老师让儿子当了班干部，这更加让儿子充满了信心，觉得自己很棒。儿子不仅学到了好的学习习惯，也从心里知道了感恩，感恩父母感恩老师感恩所有人，也一天天懂事，知道做点力所能及的家务事，会说贴心的话，会和我分享校园里一切的事，这一切的一切都离不开学校老师、用心老师的辛勤付出，作为家长心里真的充满了无限的喜悦和感谢。

儿子，你现在是初中生了，你在妈妈心里永远是最棒的，成绩分数不算什么，最主要是你自己在学习上用心，这样只要一次比一次进步就是最好的，妈妈、老师都相信你将来一定是一只健康、自信、快乐、阳光展翅翱翔的雄鹰，让我们一起共同加油吧！

惜　缘

吴子杰妈妈-姚群英

当一个精灵般的小东西迫不及待的降临时，我至今还清晰的记得。那时的我内心里充满的不仅仅是喜悦，更多的还有诧异、惊慌、忐忑…… 因为我深知，从此我平静、自由、随心所欲的生活已经结束了。这个小生命会注定成为我一辈子的期盼与牵拖!

承蒙用心教育周老师的厚爱，力邀我写点关于孩子的教育感悟。说真的很惭愧，作为一个平凡的不能再平凡的母亲，我曾在最初的那个阶段，迷茫、困惑、痛苦、束手无策……

我甚至万分后悔生养小孩。现在回想起来，发觉自己当时是多么自私!

由于工作原因，女儿直到四岁才来到我身边。之前都交由家里老人代为照顾。也许是我我两相处的时间太少，摩擦、纠纷、对抗纷至沓来。一周末，我领着女儿逛超市，看到货架上的口香糖，女儿执意要买。我耐着性子苦口婆心地劝说并告知她关于小孩吃口香糖的诸多坏处。哪知女儿固执得如一头倔牛，不达目的誓不罢休。在彼此僵持不下的状态中，女儿竟然以要将尿水尿在自己裤子上的决定向我宣战。那刻，我简直快要崩溃了！我完全没想到一个如此小的孩子，为了达到目，能瞬间想到要挟别人。我深深地被怔住了！然而，理智告诉我：决不妥协！我按耐住急躁，不带任何表情，任凭女儿的吵闹、挣扎，直接将她带出超市。我有点不安，再不将她固执的个性改正过来，任其发展，将来更棘手的问题还会在后头等着我！

三岁看大，七岁看老，在还来得及改变和塑造的时段，作为母亲，我必须坚持自己的原则。回到家中，我毫不犹豫地将她关在自己的小房间里。看到我这一举动，小小年纪的她居然没有半点妥协或示弱，倔强的依然吵闹不休。大约一小时后，我的心情也有所平复。冷静后我反思：这也许就是隔代照顾的结果。（当然在此我不是说老父老母代为照顾不好，只是我个人认为老人们过分的溺爱有碍于小孩子身心健康的成长）房间里哭声逐渐小了。我推门而入，女儿坐在小板凳上，神情略显伤心、委屈与无措。也许她未曾料到，为了一支小小的口香糖，竟然让她败下阵来！见此情形，我适时地将她抱过来，搂入怀中。“甜甜，（女儿的乳名）你知道吗？今天你表现真的一点都不棒，妈妈很伤心哦！一个漂亮的小女孩故意将尿尿撒在裤子上，是不是就变成丑八戒了？女儿依旧茫然的看着我，于是，我将网上搜来关于小孩子吃口香糖的不利因素一一列举出来。女儿见我认真、严肃的样子，似懂非懂的点了点头。知道她开始有所认知，我便适可而止。教育，我必须循序渐进！

从那以后，女儿固执的个性渐渐有所改变！她的哭声变少了，笑声变多了！

时光如白驹过隙，不经意已悄悄溜走。看着如今身高与我不分上下的那个阳光、开朗、豁达、积极向上的女儿，我真的很欣慰！欣慰于她对学习的勤奋和努力；欣慰于她的成长有我陪伴！临近小升初了，女儿早就有目标学校。我很惊讶，她梦想的蓝图居然如此清晰！女儿酷爱写作，但凡看过她文章的人都说很棒。这也许是源于我的缘故。我比较喜欢看书，尤其看到好文章，总是忍不住多看几遍，同时也会在第一时间推荐给女儿，然后我俩将各自的读后感进行深层次的交流！耳濡目染，潜移默化，女儿从识字起，便养成每日阅读一小时的好习惯。如此，直到现在，我从未为她的写作操心过。家庭教育，果真直接根深蒂固地影响着孩子！这一点，我深信不疑！

孩子是上天恩赐给父母最好的礼物！孩子与父母的缘分，来世今生唯此一次！珍惜，珍惜，再珍惜！

日子在重复中一天又一天。而今我便要开始慢慢地学会和接受不断目送她渐行渐远的背影！

一直很喜欢杜甫那首《春夜喜雨》："随风潜入月，润物细无声。"虽是写雨，借用于现代教育方法也非常合适！

致女儿

王艺璁妈妈-田颖

有一首歌词这样写道：你是快乐的，我是幸福的；你是健康的，我是欣慰的；你是幸福的，我是快乐的。亲爱的宝贝，当你来到人世，我们的世界充满了快乐！当看到你一天天长大，我们内心有说不出的高兴，作为父母亲，我们由衷地为有你这样女儿而骄傲！

亲爱的女儿，你是我们生命的延续和传承，更是我们的希望和未来！看着你学习、看着你成长、看着你进步，我们为你高兴，为你自豪！看着你开心的笑颜，看着你活泼的花季，我们更是说不出的愉悦！

亲爱的女儿，从你呱呱落地到如今，你给爸爸妈妈，给我们全家带来了无限多的快乐，你活泼、可爱、聪明、漂亮，你的第一声“爸爸妈妈”令我们激动不已；你摇摇晃晃的第一个脚步，让我们欣喜万分；你学会扣好第一颗扣子时，我们倍感欣慰；你读的第一本书、做的第一件好事，我们至今记忆犹新……

致女儿

上学以来，老师、同学、家长都称赞你是一个心胸宽广、非常有爱心的好孩子，是老师们喜欢的好学生，同学们喜欢的好伙伴！老师夸你表达能力强、吐字清晰、感情丰富，学习认真，积极参与学校、班级组织的活动，是一个优秀学生。

当然，你也有不可爱的时候：学习时，你有点粗心大意；写作业时，你有时慢慢吞吞；遇到困难时，有时不够努力。妈妈多么希望你学习能够仔细再仔细一点，多么希望你能够不怕困难，持之以恒……一次偶然的机会，我认识了用心教育集团的李总，从此与用心教育集团结下了缘份，感谢这个平台，慢慢地我调整了个人的育儿观念，在小朋友的成长道路上用心当好扶手。

孩子，你慢慢来，妈妈尊重你，允许你犯错，错了不要紧，改了就行。妈妈希望的不是分数，而是你对生命的热爱，对社会的热爱，对大自然的热爱，“有爱的世界，就有希望”，你要学会保护你自己，还要有坚忍不拔的毅力。

孩子，前方的路很远，在你寻找通往山顶的路的时候，你要冷静应付、学会坚持。要想屹立在山巅之上，让荆棘和陷阱“匍匐”在你的脚下，法宝只有一个：勤奋！从现在就不要荒废光阴，从认真听讲、独立完成作业、树立良好的道德品质开始。天上只有无情的风雨霜雪，从没听说过救世主。女儿，你要自强！

同所有的父母一样，我希望我的女儿不仅拥有一张漂亮的脸蛋，同时也拥有一个姣好的身材，但支撑一个人美丽的是品德、气质与文化，这些才是伴随你一生最宝贵最永恒的财富。

女儿，真心希望你健康、快乐地成长，希望你自信、自强，做一个活泼、可爱，长大后能适应社会生存的好孩子！

写给儿子十四周岁的一封信

童尧爸爸-童晓明

（写于2015年4月15日，儿子就读学校——向明中学举行十四岁集体生日活动前夕。2016年5月17日誊录。）

童尧：

见信如面！

提起笔才惊觉好久没有用纸笔写信了，用惯了电子邮件，才发现还是纸和笔这种传统的方式更适合真实情感的表达。那么我们就回到最原始的沟通方式吧，也感谢学校创造了这样的机会，让我能够在你十四岁生日时，用写信这种久违的方式为你送上最真挚美好的祝福！

儿子，你十四岁了，真快！快的难以想象，脑海里还一直浮现见到你第一面时的那份激动喜悦，你的第一声啼哭、第一次笑声、第一次叫“爸爸”……很多个第一次，在我的脑中如同**PPT**一般翻阅滚动着，一眨眼你就这么长大了。千头万绪，有很多话要对你说，有一点最重要，你也要牢牢谨记，你是爸爸最值得骄傲的宝贝（抱歉，你这么大了还这么叫你，虽然以后再也不能这么称呼你了，因为你已长大，但在天底下所有父母的心中，子女都是永远的宝贝！)

小伙子！还记得前几天爸爸整理照片时给你看的一张老照片吗？那是爸爸十五、六岁时，现在的你和那时的我长得多像啊！从童稚天真到懵懂少年，你正在经历人生第一次成长蜕变，爸爸也经历过这一时期。那个阶段，有梦想，有欢乐……也有彷徨，也有烦恼，更有些对未来的不知所措。现在想来，其实那是人生一段最美好的青春回忆，是真正体会和品尝成功喜悦和失败挫折的开始。所以别担心！爸爸是过来人，在这个人生的关键时期，会一直陪伴你，无论酸甜、无论苦辣，我们共同经历，快乐一起分享，困难一起克服。再过四年，到你十八岁的时候，可能那时你需要真正的独立了，真正是雄鹰展翅的年龄，真正是开启独立面对人生的时候。说实话虽然仍会心有不舍，但家人的祝福会永远伴随在你身边！

童尧，你现在进入了第一个关键时期，我想跟你说的是两个关键词。第一个关键词是“正直”！虽然你目前的学习成绩并不理想，独立能力尚有欠缺，但你从小就是一个正直、善良的孩子，保持这种品格是更为重要和难能可贵的，成绩和独立能力方面欠佳，是爸爸以往做得不好，有主要责任！我们要共同找到适合你的方法，只要认真坚持，一定会有改观。而保持良好的品格要靠你自己，你面对的世界将会有很多未知的挑战，而做一个正直的人是立足社会的根本前提，这方面你以往做得很好！继续保持下去，如果在性格上能够更加独立一些，勇敢一些，你将会非常优秀！我坚信！

第二个关键词是“感恩”！人的一生会经历不同的境遇，面对不同的环境，接触到不同的人，无论顺境、逆境，我们都要以感恩的心去看待这个世界，对你产生过帮助的老师、同学、朋友，还有父母、长辈等等，我们一定要心怀感激。而当我们身处逆境时，更加需要以感恩之心去面对，人生之路不会永远一帆风顺的，将会遇到各种各样的困难，而这些困难其实是在成功路上必须经历的磨难和考验，困难的背后都隐藏着激励自己奋发向上的动机，人生需要磨练才能让人茁壮成长。常怀感恩的心，我们才会更加坚定自己的信念，其实精彩的人生都是在克服了若干困难之后造就的。爸爸期望你能够按照自己的天赋去发展，不断克服困难，超越障碍，拥有你的精彩人生！

最后，祝贺你十四岁集体生日快乐！懂得珍惜感恩，永远做一个正直、善良的人，开启属于你的青春时代！这将是属于你的独家记忆，里面满载着家人对你的期望和最美好的祝福！童尧，加油！

爱你的家人，爸爸代笔！

童晓明

2015 年 4 月 15 日

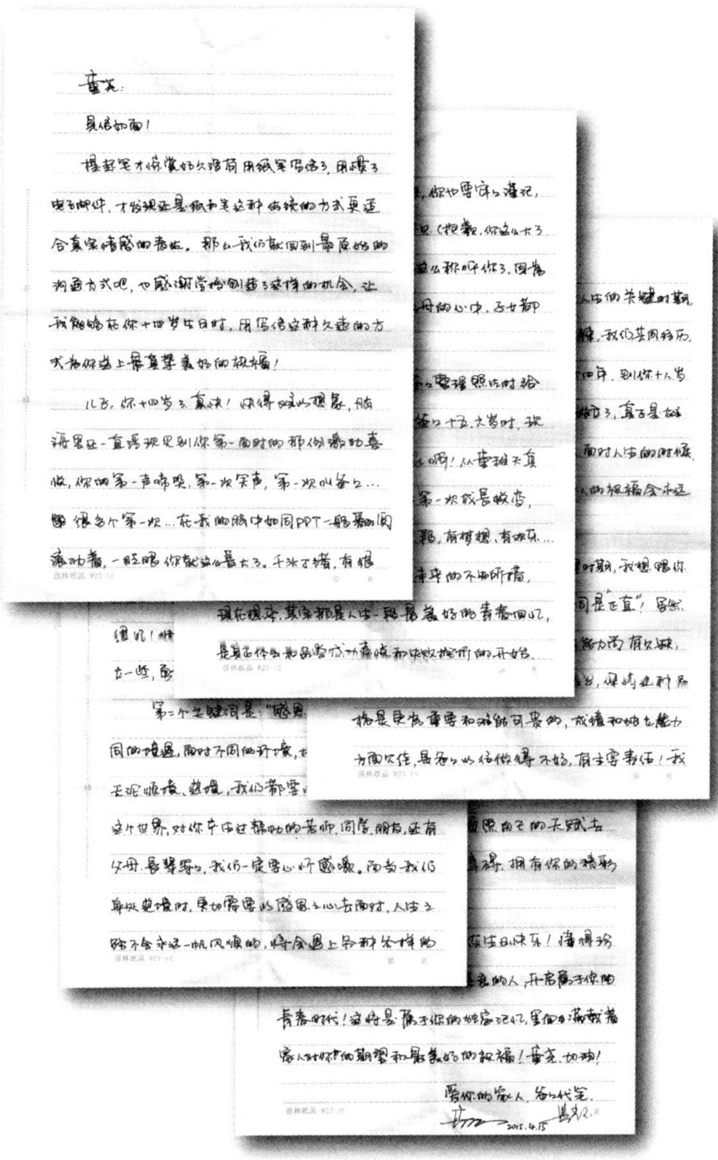

童光：

见信如面！

提起笔才惊觉好久没有用纸笔写信了，用惯了电子邮件，才发现还是纸和笔这种传统的方式更适合寄托情感的表达。那么我们就回到最原始的沟通方式吧，也感谢学校创造了这样的机会，让我们能够在你十四岁生日时，用写信这种久违的方式为你送上最真挚美好的祝福！

儿子，你十四岁了，真快！快得超出想象，脑海里还一直浮现见到你第一面时的那份激动喜悦，你的第一声啼哭，第一次笑声，第一次叫爸爸……很多个第一次……在我的脑中如同PPT一般播放滚动着，一眨眼你就这么大了。千张万播，有很

……

第二个关键词是"感恩"……

同的境遇，面对不同的环境……

无论顺境、逆境，我们都要……

这个世界，对你产生过帮助的老师、同学、朋友，还有父母、长辈等等，我们一定要心怀感激。而当我们身处逆境时，更加需要以感恩之心去面对，人生之路不会永远一帆风顺的，将会遇上各种各样的

……

青春时代！这将是属于你的精彩记忆，里面充满着家人对你的期望和最美好的祝福！童光，加油！

爱你的家人，爸爸代笔。

2015.4.15

给昊霖的一封信

虞昊霖爸爸-虞贵明

亲爱的昊霖：

我最骄傲的孩子，展信快乐！

你在看爸爸写给你的这封信时，爸爸已经离开我们的美丽家园长沙，坐在开往神秘敦煌的火车上。此行的目的有三个：第一是兰州大学交流学习，第二是15公里的沙漠戈壁徒步体验，第三是参观考察敦煌。对了，酒泉卫星发射中心也在甘肃哦，就是发射过神八，神九飞船的地方，离敦煌也就只有300多公里路程。你现在在学地理，兰州和酒泉在哪？敦煌和月牙泉在哪？那里有怎样的气候？怎样的植被与景观？怎样的风土人情？我相信你也许比爸爸更了解。你也学过历史，你应该清楚敦煌的古老文化和那些让人敬仰的佛教故事，还有丝绸之路的故事。爸爸回来后，我们一起交流分享，你会发现爸爸 的知识储备比以前更加丰富，因为实践长真知！爸爸也会发现，你虽暂时没去过敦煌，却也对敦煌了解不少，这就是学习的魔力，因为开卷即有益！我们不可能所有地方都去过，所有的道理都亲身体会，这就是我们为什么要学习，要阅读，要看别人的故事的道理。爸爸希望你在年少时，你能通过努力地学习，积累丰富的知识和能量，然后带着这些上路，去实践你的理想，去开辟你的天地。这样你现在学的这些东西都成了你的武器。就像你喜欢玩的电脑游戏样，你只有完成了一定的任务，积累了一定的能量和金币之后，你才能用这些去购买更加先进的武器，这样你也才能更厉害，所向披靡，不断从胜利走向胜利。这些道理，聪明的你，肯定都懂。

上周六晚饭后，我看了你的作业，我有很长时间没有看你的作业了，更确切的说是从你上初中以来，我就没真正认真地看过你的作业，我为此深感愧疚，是爸爸对你的关心不够，教养不够，爸爸在此向你道歉。不过，我认为上初中后的你就是男子汉，该对自己要做的事情负责了，可是我当时看完之后，我发了脾气，让你重写。你妈妈和周老师都认为我是因为你字迹太差且偷工减料而生你的气；其实不然，我生气最主要的原因是你浪费了时间。你想想，我们人最不能打败的是什么？其实，只要我们努力什么都能打败，但就是打败不了时间。它总是一天比一天少，一分比一分少。正是因为这样，我们才要抓住时间，让时间有效。可是，在你要做作业的上午，你却随便应付，让时间无效；在你要认真听课的时候，你却讲话走神，让时间无效；在你本该休息或娱乐的周六晚上，你却因为作业要重做让本该娱乐的时间无效；在你要跟爸妈交流的时间，你却因为埋头玩手机而让我们谈话时间和谈话无效。爸爸生气的是你浪费了自己的时间和生命，同时又没收获快乐和幸福。我亲爱的昊霖，如果作业做成那样，爸爸还不如不让你去做，去听。可是，你是真的不想做，不想听吗？你是爸爸的儿子，爸爸最了解你。所以，从这周开始，从每一节课每一科作业每一个细节开始，让我们一起加油，让我们的时间真正有效！爸爸相信你！你永远是不断带给我自豪和骄傲的昊霖！

爸爸从敦煌回来后，一定会看到一个更加积极阳光同时已经学会了掌握时间的儿子，我很期待……

爸爸会为你照顾好自己，儿子，等我回来吧！

爱你的老爸：虞贵明

2014 年 **05** 月 **20** 日于用心

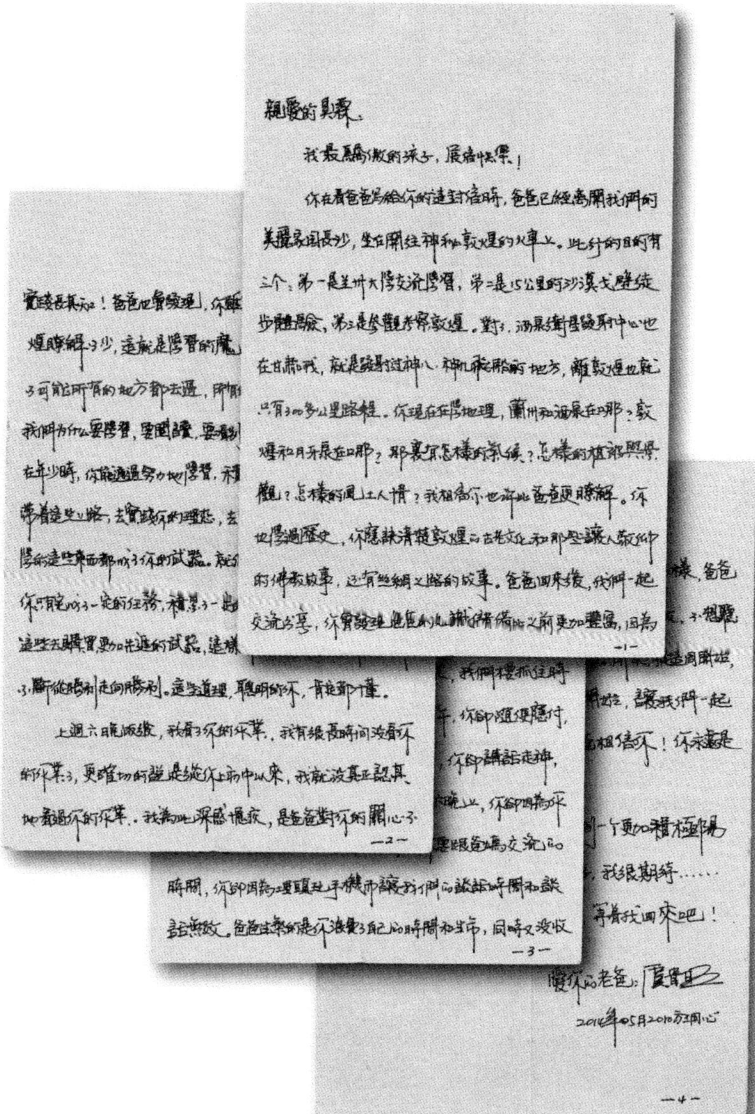

親愛的貝霖：

我最驕傲的孩子，展信快樂！

你在看爸爸寫給你的這封信時，爸爸已經離開我們的美麗家園長沙，坐在開往蘭州和敦煌的火車上。此行的目的有三個：第一是蘭州大學交流學習，第二是15公里的沙漠戈壁徒步體驗，第三是參觀考察敦煌。對了，酒泉衛星發射中心也在甘肅哦，就是發射過神八、神九飛船的地方，離敦煌也就只有300多公里路程。你現在在學地理，蘭州和酒泉在哪？敦煌和月牙泉在哪？那裏有怎樣的氣候？怎樣的植被與景觀？怎樣的風土人情？我相信你也許比爸爸更瞭解。你也學過歷史，你應該清楚敦煌的古老文化和那些讓人敬仰的佛教故事，還有絲綢之路的故事。爸爸回來後，我們一起交流分享，你會發現這些知識儲備比之前更加豐富，因為

—1—

不斷從勝利走向勝利。這些道理，聰明的你，肯定都懂。

上週六晚飯後，我看了你的作業，我有很長時間沒看你的作業了，更確切的說是從你上初中以來，我就沒真正認真地看過你的作業。我為此深感愧疚，是爸爸對你的關心不

—2—

時間，你卻因為埋頭于手機而讓我們的談話時間和談話無效。爸爸生氣的是你浪費了自己的時間和生命，同時又沒收

—3—

我很期待……

等著我回來吧！

愛你的老爸：

2014年05月20日于蘭州

—4—

后　记

用心人

我不知道大家捧着这一本札记的时候各自心里是什么感觉，从筹划到出版，时间不长不短，刚好是用心做好一件事的时间，它最大的意义在于它是用心送给自己的礼物。

不管是家长、学生、老师，都能在其中找到共鸣，这不仅仅是教育读本，更是一本生活随笔，我们每个人要么是教育的受众者，要么是教育实践者，对于教育这个贯穿于整个社会、整个生命的事业，多多少少有些想要说的话，这些年，不管是学习通讯还是各种杂志报纸的出刊，都是为了学生家长。今天，难得有这么一本厚重的书，它属于我们自己。当它摆在书柜，或许没有经典名著那么意义深远，也没有当季畅销书那么广受欢迎，但我觉得这本书，是不管你搬多少次家，辗转多少个城市，都不舍遗弃的。

它朴素温暖，道不远人，自在人心。最贴近现实的朴素，恰恰能把哲学智慧还原到每个人的生命之中。微黄柔韧的纸张上流淌着的道是寻常却不平常的文字；最本我的倾吐，因返璞而归真，朴素的东西最是恒久。

谢谢为此注入灵魂的作者，谢谢为此投来目光的读者，谢谢为此设计、编辑的幕后，更谢谢用心人，谢谢虞总，将梦想成型，给大家心口幽居的情怀一处安放的地方。愿识者鉴之，爱者惜之。

特别感恩

用心人

纵然时光荏苒，但也时刻体会它每天不同的精彩，流水般轻快的这段时光，手捧这份用心的礼物，除了激动的情绪，更多的是被满满的感动萦绕。

良师恩，益友情，家长暖，… …

每思及此，都会让我觉得用心做每一件事，都受着上天的庇佑，有着身边很多领导、良师益友的无私帮助，从当时之初心被恩师和领导肯定，到邀稿过程中，朋友的积极交稿，家长学生的热情参与，再到精美的设计，让《用心札记》成型。纵然会有些许仓促，但却在如此多恩泽下，依旧浓烈醇香，散发用心独有的气息。

感谢，一路上对《用心札记》支持、关心的领导，特别是湖南省人民政府原副省长唐之享，湖南省军区原副政委魏永景将军，长沙市政协原主席董学生，湖南省教科院原院长张学军，湖南教育报刊社原社长欧阳勋，九芝堂股份有限公司原董事长余克建等，因为有你们的支持才让之能拨开云雾见青天；感谢湖南省民办教育协会、湖南省紧急救援协会、湖南大学出版社、湖南大学 **EMBA** 中心、上海邦铠品牌管理机构、上海童学文化传媒有限公司、香港凯程国际教育集团等，让其能犹如在万物复苏中的那抹绿意，散发出强有力地生命气息。感谢湖南日报、科教新报、三湘都市报、湘声报、今日女报、湖南教育电视台、红网、为民网、湖南民办教育网、**925** 悦电台、湖南省民办教育杂志社、湖南紧急救援杂志社等媒体朋友对家庭教育、亲子教育、安全教育一直来的关注和支持，感谢用心父母学堂、用心壹家学杂志，让之内容更加精彩纷呈，感谢用心老师、用心学生、用心家长、用心家人、用心良师益友，在书中写下那抹最浓烈的一笔！还有更多我还没有写出来的关怀之人，有你们，才有现在的《用心札记》。

源于热爱，源于执着，源于用心，源于感恩，在来往的流年里，岁月安好，用心依旧！暖！